LUDWIGSBURG
IM GRÜNEN

Wiesen, Parks, Alleen, Plätze –
Ein Führer durch die Stadt

Für Wanderer und Spaziergänger,
für sportlich ambitionierte Läufer,
Erholungssuchende und Besucher,
Mütter mit Kindern,
Genesende und Senioren.

Von Thomas Bartl.

Herausgegeben von der Ludwigsburger Kreiszeitung.
Verlag Ungeheuer + Ulmer, Ludwigsburg.

Thomas Bartl.
Ludwigsburg im Grünen.
Wiesen, Parks, Alleen, Plätze.
Ein Führer durch die Stadt.

Herausgegeben von der
Ludwigsburger Kreiszeitung.

Satz, Druck und Verlag:
Ungeheuer+Ulmer KG GmbH+Co.
Verlag. Druckerei. Plakatinstitut.
Ludwigsburg.

Gedruckt auf Hello-Fat-Matt-Papier.

Alle Bilder: Thomas Bartl.

ISBN 978-3-930872-63-3

Inhaltsverzeichnis

Vorwort

Thomas Bartl.

Dieser Führer stellt erstmals Ludwigsburgs zahlreiche grüne Oasen und ausgedehnten Fußwege vor. Beschrieben werden neben Laufstrecken für Jogger auch geeignete Wege für Nordic Walker, Wanderer und Spaziergänger, insbesondere auch solche für Senioren und Rekonvaleszenten, die nach Unfall oder langer Krankheit eine körperliche Belastung erst langsam wieder anlaufen lassen können.

Unter dem weiten Begriff „Ludwigsburg im Grünen" sind auch Orte dabei, über die sich Eltern mit ihren Kindern freuen, Plätze, die mit originellen, fantasiereichen Spielplätzen ausgestattet sind, oder Wiesen, die zum Ballspielen einladen oder zu einem Picknick.

Der Führer beschreitet auch Wege in die Geschichte und vergleicht den heutigen Zustand mancher Gärten und Parks mit ihrem früheren Aussehen. Im Stadtentwicklungskonzept der vergangenen Jahre wurde ein Grünleitplan umgesetzt, der den Umgang mit historisch Gewachsenem und einer Neuentwicklung in Einklang bringt. Das betrifft nicht nur die Kernstadt Ludwigsburg, die in ihrer 300-jährigen Geschichte stetig gewachsen ist, sondern auch die Stadtteile, die in dieser Stadt aufgegangen sind, sich aber trotzdem ihre Eigenheit bewahrten.

Sehenswürdigkeiten und Einkehrmöglichkeiten runden das Konzept des Führers ab. Alle Touren sind so angelegt, dass Anfang und Ende mit öffentlichen Verkehrsmitteln erreichbar sind. Autor und Verlag wünschen viel Vergnügen im grünen Ludwigsburg.

Zum Gebrauch des Führers

Alle aufgeführten Plätze und Weg-strecken sind mit nachstehenden Symbolen gekennzeichnet, um den jeweiligen Interessengruppen anzuzeigen, ob sie für sie geeig-net sind. Die Beschreibungen wurden des-halb durch Angaben zu Streckenlänge, Streckenprofil (Steigungen) und Bodenbeschaf-fenheit ergänzt.

Die Beschreibungen der Weg-stecken sowie der Parks und Gär-ten verweisen oft auf Wegvarian-ten oder Tagesetappen, auf Rund-wanderungen oder Verbindungs-wege. Weitere Verweise führen zu ausgesuchten Sehenswürdig-keiten und zu Hinweisen über Kin-derspielplätze, Grillplätze und Einkehrmöglichkeiten.

Bei Anreise mit öffentlichen Ver-kehrsmitteln ist Ausgangspunkt der Wegbeschreibungen sowie die Anfahrt zum jeweiligen Park immer der Bahnhof/Busbahnhof in Ludwigsburg. Bei den Weg-beschreibungen sind auch Aus-stiegsmöglichkeiten aus der Tour mit dem Namen der Haltestelle und der Buslinie angegeben, so dass die Möglichkeit eines vorzei-tigen Abbruchs gewährleistet ist.

 Laufstrecke für sportlich ambitionierte Läufer

 Nordic-Walking-Strecke

 Wanderweg bzw. Weg für einen ausgedehnten Spaziergang

 Geeigneter Weg für Senioren und Rekonvaleszenten

 Geeigneter Weg für Kinderwagen/Spielplatz

 Platz zum Entspannen, auch geeignet für Freizeit und Spiel

 Sehenswürdigkeiten und ihre Geschichte

 Hinweis auf Einkehr-möglichkeiten

Der Favoritepark

Lage:

Der Park schließt sich auf der gegenüberliegenden Seite der Marbacher Straße an die Nordseite des Blühenden Barock an. Im Zentrum dieses Parks liegt das als Lust- und Jagdschloss erbaute „Schloss Favorite". Es steht, vom Residenzschloss aus betrachtet, ziemlich genau 400 Meter in nördlicher Richtung, in der etwa 72 Hektar großen geschlossenen Parkanlage. Hauptsächlich besteht das Gelände aus einem Hartwald, der heute vor allem unter dem Begriff „Weidewald" bekannt ist. Es sind jedoch auch – als Unterschlupfmöglichkeit für Tiere – tiefe Tannenholzflächen vorhanden. Gleich an der Nordseite des Schlosses befindet sich eine etwa 200 Quadratmeter große Wiese, auf der zu Herzogs Zeiten das Wild getrieben wurde; so konnte es bequem vom Balkon des Schlosses aus „gejagt" werden.

Heute wird diese Wiese im Sommer gern als Liege- und Picknickwiese genutzt. Vom Südeingang, der auf halbem Weg zwischen Residenzschloss und dem Schloss Favorite liegt, führt ein asphaltierter Weg zum Eingang des Favoriteschlosses. Diesem folgt man auf der Westseite, bis man auf einer Gerade abbiegt. Nach etwa 1,3 Kilometern verlässt man diese geschlossene Parkanlage. Am Weg stehen ab und zu Bänke, auf welchen man sich ausruhen oder einfach in der Natur innehalten kann. Etwa 300 Meter nach dem Schloss zweigt ein weiterer Weg Richtung Osten ab, bis man den Park durch einen Nebeneingang verlassen oder, aus umgekehrter Richtung, betreten kann. Noch heute befindet sich im Park wertvolles Damwild oder auch Ziegen, die sich vom Weg aus füttern lassen, womit man allerdings vorsichtig sein sollte. König Friedrich I. hatte seinerzeit sogar Gamswild gehalten und deshalb am Südeingang, in östlicher Richtung, extra Kletterfelsen für die Tiere aufstellen lassen, die noch heute bestaunt werden können.

Geschichte:

1707 wurde in der Nähe des ehemaligen Jagdschlosses Kirbach eine Fasanerie errichtet und ein Jahr später der sogenannte Favoritewald angelegt. Um diesen herum wurde ein Palisadenzaun gezogen, der heute noch die Abgrenzung des Parks bildet. So wie die Residenz wurde auch das Lustschloss mehrmals umgebaut. Dabei wurden die Baustile nahezu komplett abgeändert, so vor allem vom Barock zum Klassizismus hin. Aber Restbestände des

Die Frontseite des Favoriteschlösschens.

jeweiligen Baustils sind erhalten geblieben, auf die bei Schlossführungen immer gerne hingewiesen wird. Seit dem 12. Februar 1987 findet im Schloss Favorite die bekannte Talk-Show „Nachtcafé" mit dem Moderator Wieland Backes statt, die im ARD-Fernsehen ausgestrahlt wird.

Sport:

Die Gesamtlänge des Hauptweges im Park beträgt 1500 Meter, und zwar vom Südtor bis zum Nordwestausgang. Vom Südtor bis zum Schloss führt eine 200 Meter lange Steigung etwa 20 Höhenmeter hinauf und fällt dann zum Nordwestausgang hin sanft ab. Der Park kann stattdessen aber auch komplett umrundet werden, was einen Fußweg von 5 Kilometern bedeutet. Dieser kann jedoch, folgt man der vorgeschlagenen Route, nach 2,5 Kilometern abgebrochen werden (siehe ÖPNV).

Der Weg biegt nämlich vor dem Südtor rechts ab, auf welchem man, nun dem Palisadenzaun folgend, etwa 100 Meter weiter nach links gehen kann. Nach einer kleinen Steigung überquert man einen kleinen Parkplatz, und von da aus entfernt sich der Weg auch langsam wieder von der Autostraße. Wieder ein Linksknick, und rund 300 Meter weiter stößt man auf den östlichen Nebeneingang, eine längere Steigung zieht

Die Einfahrt in den Park und die Auffahrt zum Schloss.

UMGEBUNGSKARTE

sich hinauf bis zum Umspannwerk, das mit neuerlichem Abbiegen Richtung Westen langsam
aufhört. Dann bis zur Bahnlinie,
ein weiterer Knick Richtung Süden, und der Nordwestausgang
wäre erreicht. Links befindet sich
noch immer der Zaun, rechts das
Areal der Pädagogischen Hoch-
schule. Am Waldorfkindergarten
und an der Waldorfschule vorbei,
durch die Favoritegärten und die
gleichnamige Wohngegend, die
sich – links den Hügel hinunter –
bis zum Heilbronner Torhaus
zieht. Noch einmal links, und man
steht erneut am Südtor.

BUS & BAHN

ÖPNV am Südtor:
Buslinie 421
*Bahnhof–Neckarweihingen und
zurück: Haltestelle Schloss Favorite*
Buslinie 427
*Bahnhof–Hoheneck und zurück:
Haltestelle Schloss Favorite*
Buslinie 430
*Bahnhof–Poppenweiler und zurück:
Haltestelle Schloss Favorite*

ÖPNV am Nordwestausgang:
S-Bahn S 4
*Richtung Ludwigsburg oder Marbach:
Haltestelle Favoritepark*

Das Blühende Barock

Lage:

Das „Blühende Barock" bildet mit seinen drei Hauptteilen, dem Südgarten, dem Ostgarten und dem Nordgarten, den äußeren Rahmen des in jeder Hinsicht zentral gelegenen Barockschlosses von Ludwigsburg. Es ist die einzige Garten- und Parkanlage, für die in Ludwigsburg ein Eintrittsgeld erhoben wird und ausgewiesene Öffnungszeiten hat. Die Anlage liegt etwa 15 Gehminuten nordöstlich vom Bahnhof entfernt und wird von mehreren Buslinien an drei Haltestellen angefahren.

Geschichte:

Die beim Bau des Ludwigsburger Schlosses unter Herzog Eberhard Ludwig ab 1704 nördlich und südlich des Schlosses angelegten Gärten wurden unter Herzog Carl Eugen erweitert und umgestaltet. Der Ostgarten entstand ab 1797 unter Herzog Friedrich II. und wurde 1828 von König Wilhelm I. für das Volk eröffnet und überdies landwirtschaftlich genutzt. Anlässlich des 250-jährigen Jubiläums des Schlosses im Jahre 1954 ist die Anlage unter Albert

Das Residenzschloss mit seinem barocken Südgarten im Vordergrund.

Der Schlossbau von Norden (unter Baumeister Nette 1714).

Schöchle bereits ein Jahr zuvor völlig neu gestaltet worden, teils in historischer, teils dem Barock frei nachempfundener Form. Die Eröffnung unter dem Namen „Blühendes Barock" erfolgte am 23. April 1954, zu Beginn der Bundesgartenschau. Eine neue Ära der Anlage begann 1997 mit der Ernennung von Volker Kugel zum Direktor des „Blühenden Barocks". Als ausgewiesener Gartenexperte in Hörfunk und Fernsehen verlieh er der Ludwigsburger Gartenschau eine weit über die Landesgrenzen hinaus gehende Popularität.

Südgarten:
Schon von weitem ist das Schloss zu erkennen, wenn man sich auf der Königsallee Richtung Norden bewegt. Zwei Steinsäulen begrenzen die Einfahrt durch das Haupttor, dessen angrenzende Mauer die Anlage umschließt. Ein breiter Zugangsweg wird von einem kreisförmigen See unterbrochen. Links und rechts befinden sich Gartenanlagen im französischen Barockstil.

Nordgarten:
Im Nordgarten, auf dem Weg zum Schloss Favorite, liegen eine barocke Broderie und verschiedene Terrassen um einen kleinen See herum, der auch eine Mittelfontäne aufweist. An dieser Stelle kann man die Anlage durch das Nordtor verlassen, geht über eine Fußgängerbrücke, die über die Marbacher Straße führt, und gelangt direkt in den benachbarten Favoritepark.

Unterer Ostgarten:
Der „Untere Ostgarten" schließt sich unmittelbar an den Nordgarten an. Im Blickfeld liegen die imposante Emichsburg, der romantische Nachbau einer mittelalter-

Eingang in den Ostgarten mit den Initialen „Friedericus Rex".

Der große Springbrunnen im Südgarten mit der Stadt im Hintergrund.

lichen Burg, und der an ihrem Fuße ruhende, in einen alten Steinbruch eingebettete Emichsee. Die Burg beherbergt auch eine der über 40 Märchenszenen des Ludwigsburger Märchengartens, den Albert Schöchle 1959 begründete. Neben alten und neuen Attraktionen, darunter der mit Booten befahrbare Märchenfluss, angetrieben von einer Wassermühle, eine noch aus alter Zeit erhaltene Herzogsschaukel und eine Gartenbahnanlage, bietet dieser Teil nicht zuletzt auch einen ausgedehnten Spielplatz, auf dem die Kleinen freudig aktiv werden können. Weitere Märchenstationen begleiten die Wege, die in Serpentinen den Hang zum „Oberen Ostgarten" hinaufziehen.

Oberer Ostgarten:

Dieser Teil des Ostgartens weicht vom barocken Stil ab. Der im Klassizismus entstandene Park entwickelte sich bereits in Richtung Moderne. Teilweise wurde hier englische Gartenbaukunst nachempfunden; allmählich bewegte man sich von der geometrisch exakten, symmetrischen und kunstvollen Linienführung weg.

Aber auch andere Stilrichtungen bzw. Einflüsse aus anderen Kulturen fanden dort auf engstem Raum ihre neue Heimat, so zum Beispiel ein antikes Aquädukt, ein mediterraner Weinberg mit Weinberghäuschen, ein Känguruhaus einschließlich Gehege sowie ein weiterer herzoglicher Vergnügungspark mit kleinem See, einem Karussell, einer Russischen Schaukel und einer Schiffsschaukel. König Friedrich II. ließ hier auch ein Gewächshaus im Pavillonstil errichten, um seinerzeit schon Südfrüchte anbauen zu können.

Die Emichsburg im Märchengarten.

BUS & BAHN

Buslinie 422
*Bahnhof–Schlösselsfeld und zurück:
Haltestelle Blühendes Barock*
Buslinie 425
*Bahnhof–Oßweil und zurück:
Haltestelle Blühendes Barock*
Buslinie 433
*Bahnhof–Remseck und zurück:
Haltestelle Blühendes Barock*
Buslinie 421
*Bahnhof–Neckarweihingen und
zurück: Haltestellen Residenzschloss
und Schloss Favorite*
Buslinie 427
*Bahnhof–Hoheneck und zurück:
Haltestellen Residenzschloss und
Schloss Favorite*
Buslinie 430
*Bahnhof–Poppenweiler und zurück:
Haltestellen Residenzschloss und
Schloss Favorite*

UMGEBUNGSKARTE

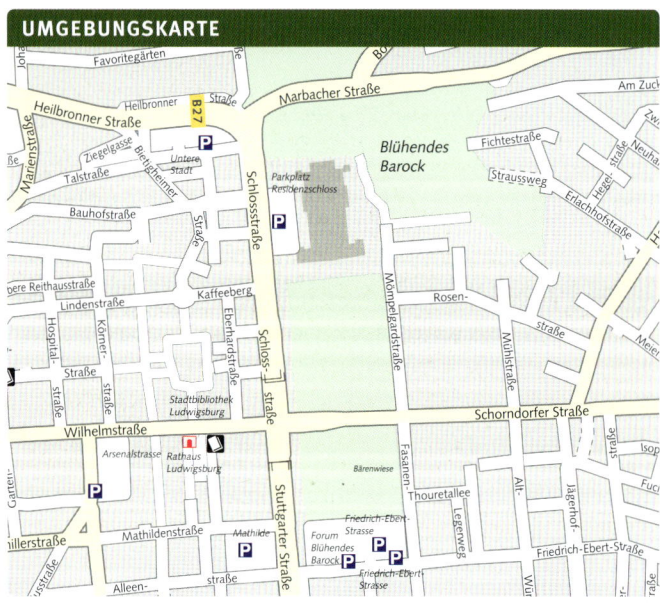

Das Seeschloss Monrepos

Lage:

Die Parkanlagen rund um das Seeschloss Monrepos liegen im Norden Ludwigsburgs, östlich der B 27 zwischen Eglosheim und Breuningerland bzw. nördlich der Landesstraße L 1138 Eglosheim–Freiberg. An der Südwestseite des Schlosses befindet sich eine etwa 40 Meter breite Freitreppe, die mit wenigen Stufen zum Seeufer führt und als Anlegestelle diente für eine eigens aus Venedig importierte Gondel. Heute befindet sich direkt an der Nordostecke des Sees ein Bootsverleih mit Ruder- und Tretbooten. Von dieser Freitreppe aus führt der Weg in einem großzügigen Rechteck – mit einer Seitenlänge von 700 Metern und einer Breite von 500 Metern – um den See. Diesen Weg kann man

Idyllisch gelegen – das Seeschloss Monrepos.

jeweils an der Süd- und Westecke verlassen sowie am Zu- oder Ablaufbach in der Südwestachse des Sees. Die Verlängerung dieser Achse wie auch die Längsseiten des Wegs wurden mit Bäumen und Sträuchern bepflanzt, so dass es sich weder um eine Allee noch um eine Art Wald handelt. An der Nordostecke des Weges findet sich ein Kreisverkehr, in den aus südlicher Richtung eine neu gebaute Fußgängerallee einmündet, auf der man auf direktem Wege zur Bushaltestelle „Bissinger Straße" kommt. Von hier aus in Richtung Südost liegt der Weg zum Schloss Favorite. Zwischen Gutshof und der Landesstraße liegt ein Englischer Park mit wunderschönem Baumbestand und Wiesen, die Wanderer zur Rast einladen.

Geschichte:

Vom Eglosheimer See gibt es schon Berichte aus dem Jahr 1591, in denen er als versumpfter, schilff umstandener Karpfenweiher beschrieben wird. Am nördlichen Ufer wurde bereits im ausgehenden Mittelalter ein Damm aufgeworfen, um dort einige Gebäude zu errichten. Um 1600 befand sich an dieser Stelle ein Seehaus, in dem die herzogliche Jagdgesellschaft unterkam. Erst Herzog Friedrich I. ließ das Schloss, den See und den Park so gestalten, wie wir ihn heute kennen. Er gab dem Schloss auch den Name „Monrepos", was – aus dem Französischen übersetzt – „Meine Ruhe" heißt; diese ist in dem wunderschönen Park nordöstlich vom Schloss auch spürbar. Friedrich ließ den See verkleinern

Kultur trifft Natur auf dem Monrepossee.

Die Seearkaden von Schloss Monrepos.

und tiefer legen, woraus sich drei kleine Inseln ergaben. Auf der nördlichen Insel ließ er den Baumeister Thouret einen Amor-Tempel errichten und auf der lang gestreckten südlichen Insel eine gotische Kapelle, die von einer Bombe im Zweiten Weltkrieg stark beschädigt wurde. Dabei wurde der Tempel ganz zerstört. 1804 wurde nordwestlich der Anlage ein Gutshof gebaut, in dem heute ein Restaurant des Schlosshotels „Monrepos" untergebracht ist, in einem weiteren Teil der Domäne findet das Weingut Herzog von Württemberg seinen Platz.

Sport:

Hervorragend geeignet, aufgrund seines ebenen Profils, ist der etwa 2400 Meter lange Weg um den See für Rekonvaleszenten und andere Spaziergänger. Auch für Nordic Walker, die nur eine kürzere Strecke zurücklegen wollen, ist dies eine ansprechende Runde. Dabei ist darauf zu achten, dass der Bus an der „Haltestelle Monrepos" nur samstags, sonntags und an den Feiertagen fährt.

Als Alternative für die Werktage kommt die Fußgängerallee in Betracht; von da aus sind es bis zur Bushaltestelle noch etwa 800 Me-

Der Südeingang zu des Herzogs See.

Die herrschaftliche Auffahrt.

ter. Eine zweite Alternative wäre ein Teil des „Ludwigsburger Rundwanderwegs" von Monrepos–Eglosheim bis zur Hirschbergstraße, rechts hinauf an der Kirche vorbei, bis zur Bushaltestelle an der Frankfurter Straße. Wenn man die Frankfurter Straße überquert, sich nach links bewegt bis zur Monreposstraße und rechts abbiegt, kommt man wieder zur Bushaltestelle Bissinger Straße und hat die „Eglosheimer Runde" voll ausgeschöpft.

Diese Runde beträgt 4,6 Kilometer, mit nicht allzu schwierigem Höhenprofil, die sich auch noch als Seniorenwanderung durchaus eignet.

Der Weg rund um den See ist zwar schön angelegt, aber bei schlechtem Wetter kaum zu empfehlen, da er nicht besonders befestigt ist und bei Nässe schmiert, was auch eine erhöhte Rutschgefahr darstellt. Da er nicht sehr breit ist, ist er auch als Laufstrecke wenig geeignet. Bei entgegenkommenden Spaziergängern kommen Läufer leicht aus ihrem gleichmäßigen Laufrhythmus. In unmittelbarer Nachbarschaft dazu haben sich der Ludwigsburger Reit- und Fahrverein sowie ein exklusiver 18-Loch-Golfplatz angesiedelt. Für die, die es etwas kleiner mögen, befindet sich an der Nordostecke ein Minigolfplatz.

… heute noch im Besitz des Hauses Württemberg.

BUS & BAHN

Buslinie 430
Bahnhof–Straßenäcker und zurück:
Haltestelle Frankfurter Straße oder
Bissinger Straße, Mo–So
Buslinie 430
Bahnhof–Monrepos und zurück:
Haltestelle Monrepos, Sa+So
Buslinie 425
Bahnhof–Falkenweg und zurück:
Haltestelle Katharinenstraße,
Mo–So

Die Monreposallee

Die Monreposallee ist die jüngste der zahlreichen Alleen in Ludwigsburg. Sie wurde erst im 21. Jahrhundert, im Rahmen der Verlegung der Landesstraße L 1138 von Eglosheim nach Freiberg, angelegt. Die schon bestehende Monreposstraße wurde durch die neue, etwa 800 Meter lange Allee verlängert und bildet dadurch auch werktags von der Bissinger Straße aus einen ÖPNV-Anschluss.

UMGEBUNGSKARTE

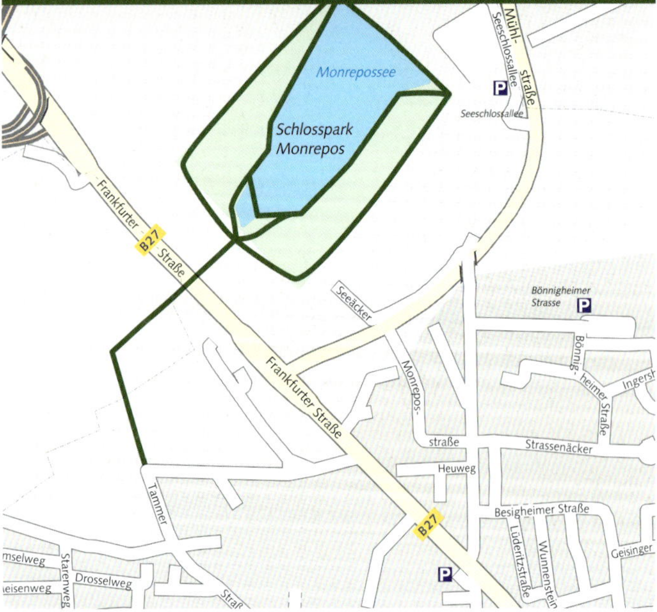

(Karte: Schlosspark Monrepos, Monrepossee, Seeschlossallee, Mühlstraße, Frankfurter Straße, B27, Seeäcker, Monreposstraße, Bönnigheimer Strasse, Besigheimer Straße, Strassenäcker, Heuweg, Drosselweg, Staренweg, Tammelweg, Ludelzstraße, Wunnenstein, Geisinger, Ingers...)

Die Bärenwiese

Lage:

Die Bärenwiese erstreckt sich im südlichen Anschluss an das Blühende Barock über die ganze Breite des Schlossgartens, und zwar, wie einst gesagt wurde, 820 Schuh (= 235 m), und ist zwischen Schorndorfer Straße und Friedrich-Ebert-Straße etwa 300 Meter lang. Dieser Platz hat, wie in der Barockzeit üblich, eine symmetrische Anordnung. Kernpunkt dieser Anordnung ist die in Nord-Süd verlaufende Achsenlinie, die sich als Promenadenallee mit dem Namen Königsallee bis zur „Grünen Bettlade" hinaufzieht. Parallel dazu, an der Nordseite, wird die Bärenwiese von Alleenwegen begrenzt und durch einen solchen in zwei Hälften geteilt, so dass durch diese Achse sozusagen zwei mal zwei etwa gleich große Viertel entstanden. Die beiden

… Sommerimpressionen auf der Bärenwiese.

südlichen Viertel werden von der Stadt Ludwigsburg und vom Forum als Parkplätze genutzt und sind daher mit der Friedrich-Ebert-Straße verbunden.

Weiterhin nutzt die Stadt diese Plätze für Veranstaltungen, so zum Beispiel für Zirkus, Volksfest oder auch zur Aufstellung von Umzügen und Paraden. Das jeweilige Zentrum der beiden nördlichen Viertel besteht aus einer Wiese, auf der man der Hektik des Stadttreibens ein Stück weit entfliehen kann.

Nirgends findet sich ein Schild „Rasen betreten verboten", vielmehr finden sich am Rande der Wiese sogar zwei Tischtennisplatten. Für Mütter mit ihren Kindern steht ein großer Spielplatz zur Verfügung, der mit sehr viel Einfühlungsvermögen für Kinder errichtet wurde. Verschiedene Veranstaltungen, z. B. das SWR4-Fest der Regionen oder auch die Pferdevorführungen am Pferdemarkt, sind hier erfolgreich durchgeführt worden.

Geschichte:

Herzog Friedrich I., der spätere König von Württemberg, ließ südlich der Schorndorfer Straße eine Geflügelmenagerie errichten, die in der damaligen Zeit unter dem Namen „Bärengraben" bekannt war, zwar nicht reich an Tieren, dafür aber hübsch angelegt. Als einzige Überlieferung für die heutige Form der „Bärenwiese" gilt wohl die Erwähnung des ersten Pferdemarktes nach dem Ersten Weltkrieg am 8. und 9. März 1920, zu dem geschrieben steht: „Trotz

der hässlichen Witterung ergab sich in der Königsallee ein volksfestartiges Treiben. 1500 Pferde waren eingetroffen. Im Exerzierhaus war eine Ausstellung aufgebaut." Auf den „Bärengraben" lässt dies freilich kaum schließen. 1962 ist Ludwigsburg eine Partnerschaft mit dem sudetendeutschen „Kuhländchen" eingegangen, die am 4./5. August von Ludwigsburger Seite aus von Bürgermeister Kromer besiegelt wurde. 1968 wurde auf der Bärenwiese der Kuhländer-Brunnen enthüllt. Bestandteil des Brunnens ist das „tanzende Bauernpaar", das noch heute den Brunnen von Neutitschein ziert.

Noch einmal geriet die Bärenwiese in den Fokus der Öffentlichkeit, und zwar im Sommer 2004 mit dem „Festival der Gärten", mit welchem an das 50-jährige Jubiläum der Gartenschau „Blühendes Barock" gedacht wurde. 20 Schaugärten mit jeweils 250 Quadratmetern Fläche wurden aufgebaut. In diesen Gevierten waren Beispiele moderner Gartenkunst anzusehen. Landschaftsgärtner und Architekten hatten sich im Rahmen einer bundesweiten Ausschreibung um die Teilnahme an dem Ludwigsburger „Festival der Gärten" beworben.

Sport:

Die Bärenwiese steigt nur ganz sanft von Nord nach Süd an und bietet mit ihren 1070 Metern Länge, die eine Runde ergeben, Läufern aller Art eine hervorragende Innenstadt-Alternative. Da die Wege breit sind, können sich

Das „Forum am Schlosspark" – der Kulturtempel.

die verschiedenen Interessengruppen leicht Platz machen.
Durch diese Gegebenheiten, wozu
auch die vollständige Asphaltie-
rung der Wege gehört, und die
Tatsache, dass an drei Stellen des
Parks der Bus hält, ist dies auch
ein sehr gutes Gelände für Men-
schen, die sich gerade in den An-
fängen der Rekonvaleszenz befinden.

Gastronomie:

An der Südwestecke gegenüber
dem Forum am Schlosspark befindet sich ein Schnellimbiss, an
dem es auf jeden Fall Currywurst
und Pommes frites gibt. Die Nord-
westecke befindet sich hingegen
direkt an der Sternkreuzung, die
einen der Eingänge zur Innenstadt
hin bildet, wo es entsprechende
Lokalitäten gibt.

Mensch und Tier in Einklang mit der Natur.

BUS & BAHN

Buslinie 413
Kornwestheim–Ludwigsburg und zurück: Haltestelle Blühendes Barock, Fasanenstraße oder Forum am Schlosspark

Buslinie 425
Bahnhof–Oßweil und zurück: Haltestelle Blühendes Barock

Buslinie 422
Bahnhof–Schlösslesfeld und zurück: Haltestelle Blühendes Barock

Buslinie 431
Bahnhof– Waiblingen und zurück: Haltestelle Blühendes Barock

Buslinie 433
Bahnhof–Poppenweiler und zurück: Haltestelle Blühendes Barock

UMGEBUNGSKARTE

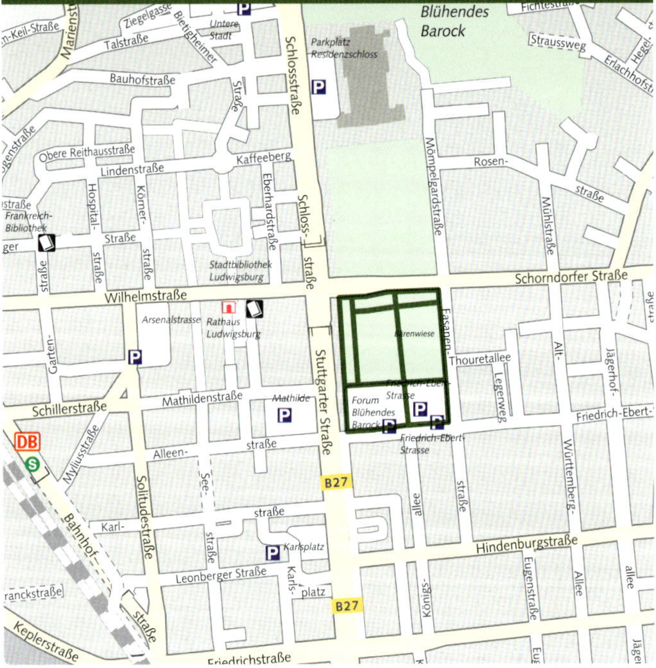

Der Salonwald

Lage:

Der Salonwald am südlichen Stadtrand Ludwigsburgs wird im Süden von der Königinallee begrenzt, die rechtwinkelig auf die Königsallee trifft, was gleichzeitig die Westgrenze des Waldes markiert. Im Norden ist die Grenze die Robert-Frank-Allee, die jedoch mit einigen Winkelgraden Richtung Süden quasi aus der Richtung

läuft, und ab dem „Aldinger Torhaus" die Aldinger Straße, die sich nach Südosten zieht. An dieser Schnittstelle zeigt sich dann die östliche Begrenzung, und genau hier steht mit einer Höhe von 38 Metern der Wasserturm von Ludwigsburg. Durch den Salonwald schlängeln und kreuzen sich einige Spazierwege. Sie sind in alle Richtungen schnell durchschritten, sich zu verlaufen erscheint nahezu ausgeschlossen. Zwei Hauptwege sind zur Begehung zu empfehlen: die Verlängerungen der Alt-Württemberg-Allee, die auf der Höhe der Bodel-

Die „Grüne Bettlade" – hier lauschte schon Carl Eugen des Morgens der Nachtigall.

Der Wasserturm im Salonwald.

schwinghstraße wieder heraustritt, und die Verlängerung der Hartenstein-Allee, die nach etwa 400 Metern im rechten Winkel auf einen weiteren Hauptweg stößt.

Geschichte:

Der Südgarten wurde über die Schlossmauer hinaus bis zum „Salonwald" hin verlängert, deren Achse die Königsallee bildet. Herzog Carl Eugen ließ hier zwei Pavillons (Salons) errichten, die diversen Festlichkeiten dienten. Diese Gebäude sind allerdings längst verschwunden. Einen krönenden Abschluss des Salonwalds bildet die „Grüne Bettlade" (siehe nächste Seite). Ab 1797 wurde der Südgarten großflächig umgestaltet. Die einzelnen Teile

wurden voneinander getrennt und bildeten so ihren eigenständigen Charakter aus. Innerhalb der Schlossmauer erhielt sich der barocke Südgarten, außerhalb dieser liegt, überquert man die Schorndorfer Straße, mit einer Länge von 300 Metern die Bärenwiese. Im Raum der breiten Königsallee, die eine Länge von 1688 Metern und eine Höhendifferenz von 30 Metern aufweist, bis hin zur „Grünen Bettlade", hat sich der so genannte Salonwald mit seinen 12 Hektar über die Zeit retten können. Dieses Gebiet mit der Königsallee kann heute noch eine Ahnung davon geben, welches Ambiente in der Luft lag, als einst höfische, später auch städtische Bewohner hier lustwandelten. Zwischen Bärenwiese und Salonwald liegen die einstmalige Bäckereikaserne, die heute ein gehobenes Hotel ist, weiter südlich davon das ehemalige Finanzamt und das Forum am Schlosspark.

„Grüne Bettlade":

Den Namen „Grüne Bettlade" sollte man sich einfach auf der Zunge zergehen lassen; wer bekommt da keine romantische Gefühlsregung? Und wer kann sich bei dem Anblick des barocken Abschlusses mit der Königsallee einem Glücksmoment, was er auch im Einzelnen beinhalten mag, verschließen? Die Bezeichnung „Grüne Bettlade" kommt auch nicht von ungefähr, hat demnach ihre historischen Hintergründe. So ist zum Beispiel überliefert, dass König Friedrich des Öfteren am frühen Morgen sich alleine dorthin begab, um in aller Stille den Nachtigallen zu lauschen ...

Karlshöhe:

Im Jahre 1874 wurde südlich des Salonwaldes von der Evangelischen Diakonie ein Kinderheim und ein Evangelisches Bruderhaus unter dem Protektorat von König Karl von Württemberg gebaut und am 23. Oktober 1876 bezogen. Nach einer kurzen Feier zogen 47 Kinder mit den Hauseltern und einem Lehrer vom Mathildenstift aus der Stadt hinauf auf die Karlshöhe. Dazu kamen neun Mönchsbrüder, die aus 30 Bewerbern ausgewählt wurden. Auf der Karlshöhe wurden im Laufe der

Zeit zahlreiche Einrichtungen geschaffen, wie die Altenhilfe, Jugendhilfe, Behindertenhilfe, Einrichtungen zur Resozialisierung und eine kirchliche Ausbildungsstätte. Die Zahl der pflegebedürftigen Personen nahm stetig zu. Von Seiten der Diakonie verzichtete man auf ein großes, weithin sichtbares Gebäude und fügte stattdessen viele kleine Häuser und Gebäudeteile harmonisch in die Landschaft ein, die mit einer großräumigen Parkanlage verbunden sind – mit Spazierwegen, Kinderspielplatz und vielen Bänken, so dass die Bezeichnung „Karlshöhe" in Ludwigsburg insgesamt einen besonderen Klang hat. Im Mai 1903 wurde auf der Karlshöhe ein 43 Meter hoher Aussichtsturm, der Salonturm, eingeweiht, der in dieser Zeit der höchste Turm seiner Art war. Dieser musste jedoch im Oktober 1955 der neuen Trasse der B 27, die heute mitten durch Ludwigsburg führt, weichen und wurde gesprengt.

Sport:

Der Höhenunterschied, der sich durch die Lage der Königsallee bemerkbar macht, hat auf die sportlichen Aktivitäten im Salonwald keinen nennenswerten Einfluss, da der Nord-Süd-Streifen, in dem das Waldgebiet liegt, gerade einmal 300 Meter breit ist und kaum davon tangiert wird. Die Straßen, die den Wald umgeben, die Königsallee, die Königinallee, die Aldinger Straße und die Robert-Frank-Allee, sind asphaltiert und ergeben eine Länge von insgesamt 1,8 Kilometern. Die Verlängerung der Hartenstein-Allee und die Verlängerung der Alt-Württemberg-Allee betragen jeweils 400 bzw. 300 Meter; beide mit federndem Waldboden. In den siebziger Jahren wurde ab Eingang Hartenstein-Allee ein Trimm-dich-Pfad von etwa 700 Metern Länge mit 15 bis 20 Stationen errichtet, der als Rundkurs angelegt ist, so dass das Ziel mit dem Ausgangspunkt zusammenfällt. Solche Voraussetzungen laden auf jeden Fall Sportler und Spaziergänger ein und sind auch bestens geeignet für Rekonvaleszenten, ebenso als Übungs- und Schulungsgelände für Nordic Walker. Einen großen Trainingsnutzen können auch Leistungssportler oder Freizeitsportler beziehen, auch deswegen, weil ihnen dort gute Strecken mit genau abgemessenen Entfernungen zur Verfügung stehen und somit ihre Leistung differenzierbar, kontrollierbar und auch dokumentierbar ist.

Gastronomie:

„Alexander Stube" in unmittelbarer Nähe zum ehemaligen Salonturm an der Ecke Salon-Allee/Erich-Schmid-Straße.

BUS & BAHN

Buslinie 427
Bahnhof–Grünbühl und zurück:
Haltestellen Karlshöhe, Tennisplatz,
Robert-Frank-Allee oder Aldinger
Straße

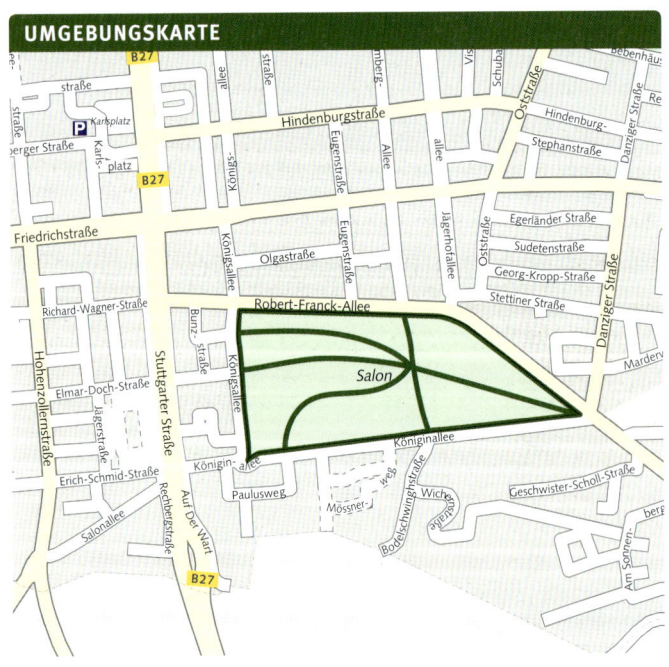

UMGEBUNGSKARTE

Das Neckarufer

Allgemeines:

Der Name Neckar ist keltischen Ursprungs und wird in der Etymologie als „wilder Geselle" interpretiert. Diese Bedeutung des Neckars hat sich im Laufe der Jahrhunderte stark verändert, insbesondere durch seine Begradigung ab Plochingen, wo der Fluss bis zu seiner Mündung in den Rhein kanalisiert wurde. Nur an manchen Stellen sind Alt-neckarteile erhalten geblieben. Heute weiß man, dass diese Eingriffe in die Natur kontraproduktiv waren, weil sich dadurch die Fließgeschwindigkeit deutlich erhöhte; dies hatte zur Folge, dass der Grundwasserstand gesenkt wurde und bei Hochwasser die Aufnahmekapazität begrenzt ist. Diesen Folgeerscheinungen wird nun aktiv entgegengearbeitet. Zwei der landesweit 19 Projekte sind dabei in den Grenzen von Ludwigsburg angesiedelt. Sie betreffen das Westufer des Neckars, die „Zugwiesen" und die „Uferwiesen", an denen drei Fernfahrradwege entlangführen.

Die kleinste Einheit in der Personenschifffahrt.

Der Baum auf der Insel.

Zugwiesen:

Zwischen Poppenweiler und Neckarweihingen mäandert an der Ostseite der Neckar in einem Bogen abwärts, dort sind die steilen Terrassen sowie die Hänge der Burghalde mit Rebstöcken bepflanzt. Auf der Westseite, sozusagen auf der Flussinnenseite, befindet sich die hauptsächlich landwirtschaftlich genutzte Zugwiese, die auch als natürliche Hochwasserauffangfläche fungiert. Hier entsteht ein dem Schiffsverkehr nicht zugänglicher Seitenarm des Flusses, der mit mehreren Inseln Kontakt zum Hauptstrom hält, so dass Fische und andere Bewohner des Wassers sich wieder ungehindert ausbreiten und bewegen können. Eine Brücke führt auf eine der Inseln, auf der ein Aussichtsturm für Touristen und ortskundige Naturliebhaber errichtet wird.

Harteneck:

Erbaut wurde die Burg Harteneck von einem „von Herteneck", der von Herzog Christoph von Württemberg 1534 ein Lehen bekommen hatte einschließlich 200 Schafen, mit der Erlaubnis, dort eine Burg zu bauen. Mit dem Aussterben dieser Erblinie ging das Land an Württemberg zurück. Unweit der Ruine, der Harteneck'schen Burg, steht heute eine Jugendherberge, die dem Vergleich mit internationalen Maßstäben standhält. Im Südosten fällt der Harteneck sanft auf die Fläche zwischen Zugwiesen und Oßweil ab, während er im Nordosten durch einen Steinbruch markiert wird. Auf einem Felsvorsprung hockt wie ein Adlerhorst das Brückenhaus. Die Gemsenbergstraße windet sich in Serpentinen Richtung Schorndorfer Straße, während die Marba-

Ein moderner Aussichtsturm im Storchennest auf der Zugwiese.

Auf der Wilhelma grüßt der „Neckar-Käpt'n".

cher Straße, dem einstigen Lauf des Tälesbach folgend, der Innenstadt zustrebt.

Zum Neckar hin stürzt der Harteneck in einen bewaldeten Hang steil ab, so dass zwischen Brückenhaus und Freibad nur noch das schmale Band der Fernfahrradwege Platz findet.

Uferwiese:

Das zweite Renaturierungsprojekt innerhalb der Ludwigsburger Grenzen betrifft die Uferwiese, die im Prinzip die ähnliche Maßnahme erhält wie die Zugwiesen. Hier sind die beiden Stadtteile Neckarweihingen und Hoheneck durch eine Fußgängerbrücke verbunden. An den Uferwiesen liegt auch die Flusspromenade des Heilbads Hoheneck, an der sich u. a. ein frei zugängliches Wassertretbecken befindet. Speziell an

BUS & BAHN

Buslinie 433
Bahnhof–Hochberg und zurück: Haltestelle Neckargröningen/Schießtal

Buslinie 430
Bahnhof–Poppenweiler und zurück: Haltestelle Neckarbrücke

Buslinie 421
Bahnhof–Neckarweihingen und zurück: Haltestelle Neckarbrücke

Buslinie 427
Bahnhof–Hoheneck und zurück: Haltestelle Heilbad

dieser Stelle wurde das Flussufer erlebbarer gemacht, sprich: hier darf der Mensch barfuß durch das flache Ruhegewässer waten, die kleinen Inseln betreten, ohne dass das Ökosystem dadurch gefährdet scheint. Hier befindet sich auch die Anlegestelle der Personenschifffahrt „Neckar-Käpt'n".

UMGEBUNGSKARTE

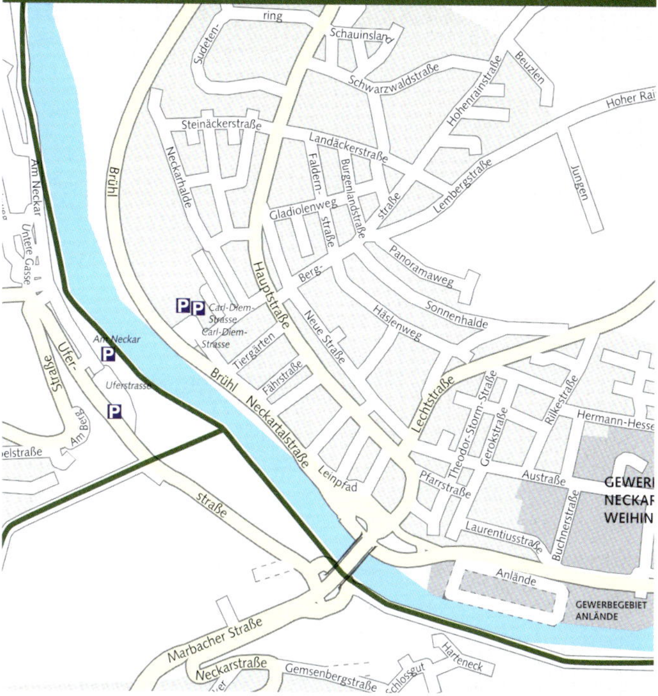

ring
Schauinsland
Sudeten-
Schwarzwaldstraße
Beuren
Hohenärnstraße
Hoher Rai
Steinäckerstraße
Landäckerstraße
Brühl
Jungen
Am Neckar
Neckarhalde
Faldern
Burgenlandstraße
Lemberastraße
straße
Unter Gasse
Gladiolenweg
straße
Panoramaweg
Haupistraße
Berg.
Häslenweg
P P Carl-Diem-Strasse
Sonnenhalde
Carl-Diem-Strasse
Uferstraße
Am Neckar
Tiergarten
Neue Straße
Lechtstraße
Theodor-Storm-Straße
Gerokstraße
Rilkestraße
Hermann-Hesse
Brühl
Fährstraße
P
Am Berg
Neckartalstraße
Leinpfad
Pfarrstraße
Austraße
GEWERI
NECKAR
elstraße
straße
Theodor-Storm-Straße
Burchnerstraße
WEIHIN
Laurentiusstraße
Anlände
GEWERBEGEBIET
ANLÄNDE
Marbacher Straße
Neckarstraße
Gemsenbergstraße
chlossgut
Härteneck

Die renaturierte Uferwiese in Hoheneck.

33

Der Hungerberg

Lage:

Zwischen der Ostseite des Favoriteparks und der Südwestecke
von Hoheneck, eingebettet in
herrliche Streuobstwiesen, entspringt die Römerquelle, die so
genannt wird wegen einer dort
gelegenen römischen „villa rustica". Die Quelle speiste einen
früheren Bach, der sich nahezu
geradlinig nach Osten zum Neckar
hinuntergegraben hat, und zwar
mit einer Falldifferenz von etwa
90 Höhenmetern auf einer Distanz
von 1,3 Kilometern. Nach dem Ab-
senken des Grundwassers, durch
Bautätigkeiten in Hoheneck, as-
phaltierte man das Bachbett und
hatte damit den Heilbadweg geschaffen, der die Nordgrenze des
Hungerbergs markiert. Im Süden
begrenzt dieses Gebiet der Tälesbach, der in dieser Form so nicht
mehr zu finden ist, da er 1905,
nach einigen verheerenden Hoch-
wasservorkommnissen, kanali-

Der Steinkreis, eine Reminiszenz an die Keltenkultur am Hungerberg.

siert wurde; seitdem wird der frei gewordene Boden für eine Straße genutzt, die Marbacher Straße, die heute zusammen mit der Heilbronner und Frankfurter Straße eine wichtige Ost-West-Tangente durch Ludwigsburg bildet. Im Osten setzen die Uferstraße, die Uferwiese und schließlich der Neckar den Rahmen und im Westen die Reichertshalde, die wiederum auf den Favoritepark stößt. Östlich, parallel zu den hier beschriebenen ehemaligen Bachläufen, die talwärts dem Neckar zustreben, im Anschluss an die Reichertshalde, entwickelte sich eine Kammlinie, an der Nordseite mit Feldern und etwas tiefer liegend mit Laubwald und einer Schrebergartenkolonie, während sich auf der Südseite der Kamm in Serpentinen weiter durch einen Wald zum Steinbruchgrund hinunterzieht. Im Verlauf dieses Wegs findet sich fernab der Straße ein wunderschöner Spielplatz, der auch Möglichkeiten für ein Picknick bietet. Zwei Steinstelen, durch die der Weg führt, markieren den Beginn eines Park. Vor diesen Steinstelen verläuft ein Weg nordwärts, der aber gleich wieder Richtung Osten abbiegt und so an den Schrebergärten vorbei zur Uferstraße abfällt. Gleich nach einem weiteren Monument führt ein Weg zum oberen, westlichen Steinbruch, der im Halbrund auf drei Ebenen zur Talsohle hin abfällt und in deren Mitte 15 Steinstelen in einem Dreiviertelkreis angeordnet sind, der an eine vorgeschichtliche Kultstätte erinnert. Die Ebenen

werden durch eine steile Steintreppe verbunden, von Ebene zu Ebene versetzt. Ein Weg aus dem an ein Atrium erinnernden Platz führt an dem Feuchtbiotop vorbei auf das westwärts gelegene Wegkreuz. In östlicher Richtung stößt man zunächst auf eine Sackgasse, sie geht bis zur Felswand mit Geologietafeln. Zuvor führt links ein Serpentinenweg zum Kammweg bis zum Aldi-Parkplatz und der Marbacher Straße.

Geschichte:

Im Bereich des Hungerberg-Steinbruchs konnte durch diverse Grabungsfundstücke aus der „Michelsberger Kultur" etwa 3.800 v. Chr. und einige wenige Stücke aus der Jungsteinzeit (um 6.000 v. Chr.) eine frühe Besiedlung nachgewiesen werden. Die Burg Hoheneck, und somit auch die am Fuße liegende Ansiedlung, gehen auf die Zeit des 12. Jahrhunderts, des Stauferkaisers Friedrich Barbarossa, zurück. 1881 bohrte man in Hoheneck an der Stelle, an der der Bach von der Römerquelle kam, nach weiterem Frischwasser für Ludwigsburg, wurde fündig und förderte es mithilfe einer Pumpstation nach oben. Später, bei Erweiterungen im Jahre 1908, stieß man in einer Tiefe von 184 Metern auf heilkräftiges Wasser und war somit auf eine Heilquelle gestoßen. Im Zuge der Nutzung wurde das Heilbad Hoheneck errichtet. Ab dem 19. Juni 1917 fuhr von Hoheneck zum Bahnhof nach Ludwigsburg eine Oberleitungsschienenbahn, die von den Badegästen genutzt wurde.

Der Unternehmer Wilhelm Hubele kaufte 1837 im Tälesbachgebiet am Hungerberg ein Grundstück, auf dem er eine Ziegelei aufbaute und dabei feststellte, dass sich der Löss- und Muschelkalkboden hervorragend als Baustoff eignet, den er auf seinem Grundstück entsprechend günstig abbauen konnte; so entstand an dieser Stelle ein Steinbruch. Im Rahmen des „Grünleitplanes – Grünzug Ludwigsburg" wurde das Hungerberggebiet in einen Naturpark mit Feuchtbiotop verwandelt.

Sport:
Siehe Crosslaufstrecke.

BUS & BAHN

Buslinie 430
Bahnhof–Poppenweiler und zurück: Haltestelle Neckarbrücke
Buslinie 421
Bahnhof–Neckarweihingen und zurück: Haltestelle Neckarbrücke
Buslinie 427
Bahnhof–Hoheneck und zurück: Haltestelle Reichertshalde oder Heilbad

Aufgang im Atrium.

Crosslaufstrecken am Hungerberg

Strecke 1:

Das Gelände am Hungerberg eignet sich durch sein Höhenprofil hervorragend für Crossläufer, wenn man es geschickt nutzt. Der Startpunkt dieser etwa 2000 m langen Strecke ist auf dem Aldi-Parkplatz und führt hinein in den ehemaligen Steinbruch bis zu dem in etwa 100 m entfernten Wegkreuz. Hier links weg, am Feuchtbiotop vorbei, 300 m bis zum Natur-Atrium mit seinen 15 Steinstelen im Zentrum. Dann der 150 m lange Anstieg über drei Steintreppen 90 Höhenmeter hinauf. Den Weg rechts verfolgen, nach wenigen Metern links auf den Hauptweg bis zu den beiden große Steinstelen. Hier rechts ab vom Hauptweg zwischen den Schrebergärten hindurch, nach 100 m kommt eine Wegbiegung, danach folgen etwa weitere 300 m. Nun geht es in einer weiten Kurve zur Uferstraße hinunter, die nach 200 m erreicht ist. Dieser rechts folgen, nach weiteren 300 m wieder rechts auf die Marbacher Straße. Nach den letzten 150 m geht es rechts hinein zum

Aldi-Parkplatz, zum Ziel oder zur nächsten Runde. Auch Nordic Walker und Wanderer können dieses Gebiet gut in ihre Touren-Planung einbauen (siehe auch Verbindungswege).

Strecke 2:

Die zweite Crossstrecke, auch diese ist etwa 2000 m lang, beginnt ebenfalls auf dem Aldi-Parkplatz und bietet zur ersten Strecke noch eine Steigerung, die nebenbei auch als Trainingsstrecke mit Übungen für korrektes Steigen im steilen Gelände genutzt werden kann.

Bis zu den zwei gegenüberstehenden Steinstelen, durch die man hindurchläuft, ist diese Strecke identisch mit der ersten: Nach den beiden Stelen etwa 400 m relativ eben auf dem Hauptweg laufen. Bei dem darauf folgenden Wegkreuz sieht man rechts schon Wohnblocks von Hoheneck und links die ersten Häuser der Reichertshalde. An diesem Punkt laufen wir nach links bis zum Haus mit der Nummer 127. Der Weg biegt dort markant nach links ab – wir laufen aber geradeaus die Treppen hinunter bis zur Marbacher Straße, hier nach links auf die Fußgängerbrücke über die Straße. Ab hier kann man die Stei-

Gesund, dynamisch …

gung in angenehmen Kehren nach oben gehen.

Variante:

Oder man biegt in der ersten Kehre nach links ab auf eine Lichtung, die sich in der direkten Falllinie des Hanges sehr steil nach oben zieht.

An der Neckarstraße angekommen, geht es auf dieser nach links wieder nach unten, wenig später in einem vom Kfz-Verkehr getrennten Weg namens Steigstraße bis zum Brückenhaus. Hier laufen wir unter der Neckarbrücke hindurch und auf der Marbacher Straße bis zum Start/Ziel auf dem Aldi-Parkplatz.

Abkürzungen:

Möglichkeiten, den Lauf abzubrechen oder aus der Bergwanderübung auszusteigen, sind einmal an der Fußgängerbrücke in der Marbacher Straße und in der Harteneckstraße gegeben. Die Haltestelle Harteneckstraße erreicht man, wenn man an der Neckarstraße nach rechts geht und gleich an der Kreuzung wieder nach links in die Harteneckstraße und zur Bushaltestelle.

BUS & BAHN

Buslinie 421
Bahnhof–Neckarweihingen und zurück: Haltestelle Untere Marbacher Straße oder Neckarbrücke
Buslinie 430
Bahnhof–Hoheneck und zurück: Haltestelle Untere Marbacher Straße oder Neckarbrücke
Buslinie 427
Bahnhof–Hoheneck und zurück: Haltestelle Heilbad
Buslinie 421
Bahnhof –Schlösslesfeld und zurück: Haltestelle Harteneckstraße

UMGEBUNGSKARTE

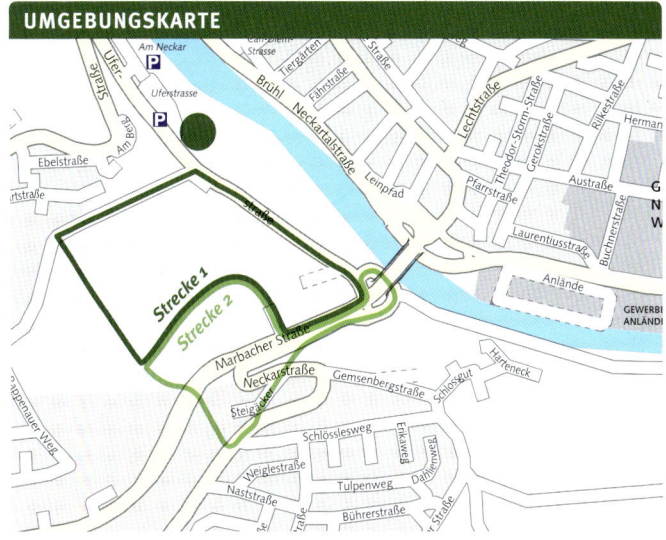

Der Heilbadpark

Lage:

Oberhalb der Hohenecker Uferstraße. Ein Schrägaufzug beför-
dert die Gäste des Heilbads etwa
90 Höhenmeter in die Anlage. Alternativ ist ein Spaziergang durch
den Park zu empfehlen, der ausschließlich aus prächtigen Laub-
bäumen besteht. Dieser Weg führt
über einige serpentinenartige
Steigungen nach oben, vorbei an
einem Holzpavillon mit Tisch und
Bänken. Bei diesem Spaziergang,
sieht man stets durch die Bäume
hindurch auf den Neckar und
Neckarweihingen am gegenüberliegenden Ufer. Oben angekommen, muss für den Rückweg nicht
unbedingt der Weg durch den
Park gewählt werden. Die Haltestelle Ebelstraße, die in der Ludwigsburger Straße an einer Klos-
termauer liegt, lässt sich auch
direkt vom Heilbad aus erreichen.

Geschichte:

Mitte des 19. Jahrhunderts siedelten Johann Wilhelm Ebel mit seiner Freundin, der Gräfin Ida von
der Groeben, von Königsberg
nach Hoheneck über, wo sie die
Gebäude der ehemaligen Fahnen-
fabrik von Paul Weigel bezogen.
Gegen den Pfarrer und Lehrer
Ebel waren in Königsberg wegen
seiner von der Kirche teilweise ab-

Das Ebelsche Mausoleum.

weichenden Haltung mehrere Verfahren angestrengt wurden. Durch das soziale Engagement in der Kirche wie in der Gemeinde von Hoheneck kam Ebel in seiner neuen Heimat aber bald zu Ansehen.

Auf der Hardt, hoch über dem Neckar, ließ er dann die Ebel'sche Villa bauen, die wunderschön eingerahmt von einem Park dalag. Gerade einmal zwei Tage nach seinem Tod, 1861, wurde das von Ebel schon zu Lebzeiten gewünschte Mausoleum gebaut, das heute noch im Heilbadpark besichtigt werden kann und unter Denkmalschutz steht. Die Tochter Ebels, Adalberta, brachte es sogar 1873, im Alter von 42 Jahren, zur ersten Ehrenbürgerschaft von Hoheneck. Sie verstarb 1904 und vererbte das Anwesen an ihre langjährige Freundin, die es wiederum der katholischen Kirche vermachte, von der es die Stadt Ludwigsburg kaufte, um dort 1907 das erste Heilbad in der Umgegend zu initiieren. In den 1970er Jahren wurde die Villa abgerissen und durch einen modernen Neubau ersetzt; dieser ist mit der Besonderheit eines Schrägaufzugs ausgestattet, der die Badegäste, die zumeist von den Parkplätzen der Uferstraße oder von der in der Nähe liegenden Bushaltestelle kommen, hinaufbefördert.

Gastronomie:

Am Eingang des Heilbades befindet sich ein kleines Café, in dem mancher Gast seinen Badetag schön ausklingen lässt oder das sich etwa nach einem Gang zum Mausoleum anbietet.

BUS & BAHN

Buslinie 427
Bahnhof–Hoheneck und zurück:
Haltestelle Ebelstraße oder Heilbad

UMGEBUNGSKARTE

Die Marienwahl

Lage:

Die Königsvilla liegt in der Nordostecke der Anlage und kann sowohl von der Marienstraße als
auch von der Heilbronner Straße
angefahren werden. Im Süden bil-
den die Häuser der Stresemann-
straße die Grenze, und im Westen
ist die Grenze der Bahndamm, die
S-Bahn-Linie 4 „Ludwigsburg–
Marbach".

Geschichte:

1915 begründete Pauline Fürstin
zu Wied, die Tochter von Wilhelm
II., dem letzten König von Württemberg, die Traberzucht in Neu-
wied. Seit dem Tod des Königs
1921 befasste sie sich mit dem
Pferderennsport. Eine von ihr mit

Die Marienwahl.

Leidenschaft betriebene Traber-zucht sowie einige englische Voll-blüter kamen 1932 auf das Land-gut Marienwahl nach Ludwigs-burg. Mit diesem Ausgangspunkt wurde im Laufe der Jahre die Ma-rienwahl zum größten Trabergestüt in Süddeutschland. Die LKZ berichtete 1966 von der großen „Pferdekinderstube" des Traber-gestüts Marienwahl an der Heil-bronner Straße. Die Fürstin ver-starb 1967, 87-jährig, und wurde auf der Wiese am Cappelrain bei-gesetzt, dort, wo ihre geliebten Pferde geweidet hatten. Die Tra-berpferde brachte man am 30. De-zember zur Bahn, mit der sie nach Niederbayern verfrachtet wurden. Viele Ludwigsburger säumten die Straßen und geleiteten die edlen Pferde zum Bahnhof. Damit hatte das Gestüt Marienwahl zunächst aufgehört zu existieren. Die Mari-enwahl versank in einen vieljäh-rigen „Dornröschenschlaf", bis 1989 die Erben, unter ihnen der Urenkel des Königs, Prinz Ulrich zu Wied, beschlossen, den all-mählichen Verfall des denkmalge-schützten Anwesens zu stoppen und eine öffentliche Nutzung, nach einer behutsam durchge-führten Instandsetzung, auf eine wirtschaftlich tragfähige Basis zu stellen. Am 13. September 2004 wurde im Beisein des Prinzen Ul-rich zu Wied, des Oberbürgermei-sters Werner Spec und einer An-zahl von Gästen mit einer kleinen Feier der Park der Öffentlichkeit freigegeben.

UMGEBUNGSKARTE

Das Kleinaspergle

Lage:

Das Kleinaspergle liegt Luftlinie etwa einen Kilometer südlich vom Hohenasperg und westlich vom Osterholz. Zwischen Hohenasperg und dem Kleinaspergle liegt die Stadt Asperg. Folgt man der Osterholzallee in Richtung Asperg und ihrer Verlängerung, der Neckarstraße, liegt das Kleinaspergle auf der rechten Seite nach den Asperger Sportanlagen.

Geschichte:

Das Kleinaspergle ist ein keltisches Fürstengrab aus der Hallstattzeit, dem Übergang von der mitteleuropäischen Bronze- zur Eisenzeit (ca. 600–800 Jahre v. Chr.) Der Grabhügel hat einen Durchmesser von 60 Metern und eine Höhe von 7,60 Metern. Er ist von einem 1,20 Meter tiefen und 2,50 Meter breiten Graben umgeben. In dem Hügel wurden bisher zwei im Aufbau gleiche, holzverschalte Grabkammern gefunden. Die schon in der Antike ausgeraubte, zentrale Hauptkammer war 3 × 4 Meter groß und 2,80 Meter tief in den Boden eingelassen. Die unberührte Nebenkam-

Das „Kleine Aspergle".

Gedenkstein auf dem keltischen Grabhügel.

mer, im Westabschnitt, ist 2 × 3 Meter groß und ebenerdig. Man vermutet, dass die Aufschüttung des Hügels in zwei Schritten erfolgte: zuerst ein kleiner Hügel von 40 Metern Durchmesser für das Hauptgrab und dann eine Erweiterung dieses Hügels für das Nebengrab. Die aufgeschüttete Erde einschließlich Materialien beinhaltet Spuren von Siedlungsschutt und muss in der Nähe großflächig abgetragen worden sein, da der Aushub der Grabanlage dafür nicht ausreichte. Eine sonst übliche Steinsetzung fehlt vollständig.

Gastronomie:

Gleich neben dem Kleinaspergle steht das Naturfreundehaus mit seinem großen Biergarten und einer gutbürgerlichen Küche. Der dazugehörige Spielplatz lädt Kinder ein zum Toben und Spielen. Eine weitere Einkehrmöglichkeit bieten die Vereinsgaststätten des Tennisclubs Asperg und die gleich nebenan liegende Vereinsgaststätte des örtlichen TSV Asperg.

BUS & BAHN

Buslinie 433
Bahnhof–Asperg und zurück:
Haltestelle Neckarstr. oder Saarstr.

UMGEBUNGSKARTE

Der Naturpark West

Lage:

Der Naturpark West liegt im Dreieck der Bahnlinie Ludwigsburg–Tamm im Norden, der eingestellten Bahnlinie Ludwigsburg–Markgröningen im Südwesten bis zur Strombergstraße; die Autobahn bildet die Westgrenze. In diesem Gebiet existieren mehrere Wasserquellen, speziell an den Vieh- und Blauäckern.

Geschichte:

Die Geschichte von Ludwigsburgs jüngster Parkanlage beginnt erst im 21. Jahrhundert mit dem Engagement und der Gründung eines Vereins von Bewohnern der Weststadt, um das etwa 10 Hektar große Nebeneinander von Streuobstwiesen, Kleingartenanlagen und landwirtschaftlicher Nutzfläche vor Zersiedlung zu schützen.

Sport:

Das Gebiet hat dort, wo die Laufstrecke verläuft, ein mittelschweres Höhenprofil; die Höhendifferenz beträgt von Süden nach

Übersichtstafel zum Naturpark West.

Der Bauerngarten im Herzen von Eglosheim.

Norden etwa 35 Meter (Strombergstraße). Speziell für Läufer sind hier fünf verschiedene Laufstrecken markiert, deren Ausgangspunkt von Süden her am ersten Wegkreuz die Strombergstraße ist.

An diesem Wegkreuz steht eine Tafel mit einer Skizze vom Park und den mit unterschiedlichen Farben gekennzeichneten Laufwegen: Grün für die allgemeine Laufstrecke, Rot für 1000 Meter, Gelb für 1330 Meter, Blau für 2000 Meter und Pink für 3200 Meter. Generell läuft man in offenem Gelände mit wenig Schatten. Das Gebiet eignet sich ebenso für Nordic Walker und Wanderer.

Wicken, aus der Familie der Schmetterlingsblütler.

BUS & BAHN

Buslinie 430
Bahnhof–Straßenäcker und zurück:
Haltestellen Osterholzallee, Weimarer Straße oder August-Bebel-Straße

Buslinie 425
Bahnhof–Falkenweg und zurück:
Haltestellen August-Bebel-Straße und Tammer Straße

UMGEBUNGSKARTE

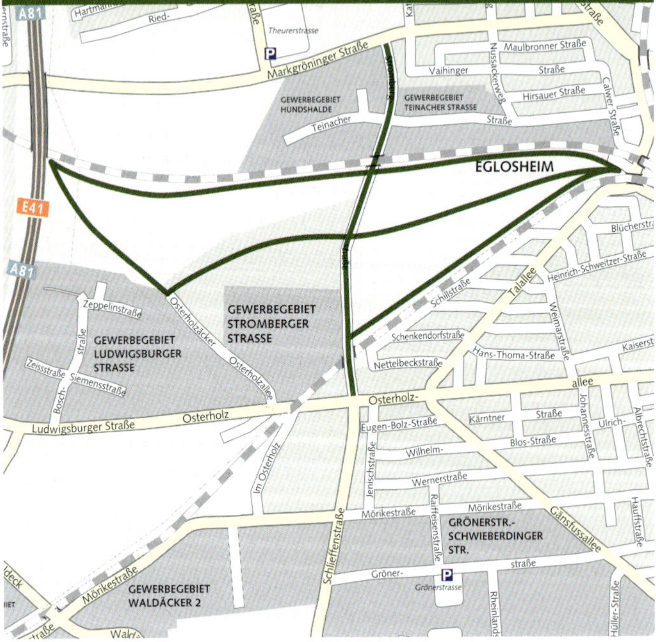

Das Osterholz

Lage:

Das Osterholz ist durch die Autobahn in zwei Teile getrennt, über die nur eine Brücke führt. Die Teilung gilt natürlich nicht nur für das Osterholz, so zieht die Autobahn etwa auch die Grenze zwischen Asperg auf der westlichen und Ludwigsburg auf der östlichen Seite. Das westliche, Asperger Osterholz bildet nur ein kleines Dreieck, während sich das Ludwigsburger Osterholz in drei Teile gliedert: 1. in das Industriegebiet Waldeck mit dem Komplex der Firma Sanacorp u. a., 2. in das Industriegebiet Osterholz mit dem Industriepark des ehemaligen Krone-Areals und des ehemaligen Areals der US Army und 3. in das kleine Waldstück mit der Diskothek „Waldhaus", den Kleingärtneranlagen, dem Aktivspielplatz, der Skater-Anlage mit Halfpipe und einer Streuobstwiese mit Bolzplatz. Eingerahmt wird all dies im Westen von der Autobahn, im Osten von der Schlieffenstraße, im Süden von der Mörikestraße und im Norden von der Osterholzallee.

Geschichte:

In dem Waldstück mit dem Namen „Osterholz" unterhielt Herzog Carl Eugen eine Fasanerie, die von einem Schlösschen oder Jagdhaus verwaltet wurde. Strahlenförmig, in alle Himmelsrichtungen, verliefen hier die Wege, so zur Residenz, zum Schloss Favorite, Schloss Monrepos, nach Hohenasperg und zum Schloss Solitude. Jedoch wurde jenes

… nach Markgröningen, die vergessene Bahn …

Schlösschen später abgetragen und die behauenen Steine für andere Bauten der Stadt verwendet, so zum Beispiel für den Kerner'schen Bierkeller in der Reithausstraße 32, wo man die Steine heute noch sehen kann.

Seit 1925 schließt sich südlich des Waldstückes, bis zur Mörikestraße, eine Kleingartenkolonie an, durch die die ehemalige Bahnlinie Ludwigsburg–Markgröningen führt. Diese 8,5 Kilometer lange Strecke wurde 1915 eröffnet, der Personenbeförderungsbetrieb indessen 1975 wieder eingestellt. Eine Ausnahme bildeten Gaslieferungen mittels Kesselwagen an die Firma Lotter auf dieser Strecke; doch seit Jahren wuchern nur noch wild wachsende Pflanzen im Gleisbett.

Sport:

Auf dem Abenteuerspielplatz haben Kinder Kontakt zu Tieren, lernen beim Hüttenbau, mit Werkzeugen umzugehen und mit Kon-flikten untereinander im Beisein von Sozialarbeitern. Gleich nebenan befindet sich ein eingezäuntes Gelände mit betoniertem Boden und einer Halfpipe für Anfänger und Spezialisten der Skater-Szene.

Ein Bolzplatz mit zwei Toren ist derart durch dichtes Buschwerk von der Straße abgegrenzt, dass weder der Straßenverkehr noch die spielenden Kinder und Jugendlichen gestört werden. Im Waldstück selbst kann eine 1900 Meter lange Runde unter dem Blätterdach des Wäldchens gelaufen werden.

BUS & BAHN

Buslinie 430
Bahnhof–Straßenäcker und zurück:
Haltestelle Jenischstraße oder
Osterholzallee
Buslinie 433
Bahnhof–Asperg und zurück:
Haltestelle Mörikestraße/Beru
oder Waldeck

UMGEBUNGSKARTE

Der Riedgraben

Nach historisch-wissenschaft-
licher Kenntnis geht man davon
aus, dass der Riedgraben aus
dem Gebiet der Asperger Sportanlagen beim Kleinaspergle Richtung Hirschbergsiedlung verlief
und sich dann an deren Südseite
fortsetzte. In den sechziger Jahren
wurde der Bach kanalisiert und
überdeckelt. Vor einigen Jahren
hat sich eine Bürgerinitiative zum
Schutz der Natur und des Ried-
grabens gebildet. Zwischenzeit-
lich wurde ein Naturlehrpfad ab
der Bachstraße angelegt. Ab der
Hirschbergstraße wurde dem
Riedgraben eine neue Einbettung
gegeben, ein Projekt, das weiter-
geführt werden soll. Dieser Natur-

lehrpfad erweitert sich kurz vor
der Hirschbergstraße zu einer
Parkanlage, dem Riedgrabenpark,
der von einem schönen Bauerngarten geschmückt wird. In seinem teilweise neuen Bett passiert
der Bach nun östlich die Eber-
hard-Ludwig-Schule sowie die
Hirschberg-Schule, das „Bienen-
hotel" und die Kläranlage, um
kurz vor dem Monrepossee in den
Gründelbach zu fließen.

Der Riedgraben.

Der Gründelbach

Am Fuße der Nordseite des Hohenaspergs entspringt ein kleiner Bachlauf, der Gründelbach. Er zieht sich über die Heckenwiese entlang der weithin sichtbaren Pappelallee, nimmt den Riedgraben in sich auf, quert unter der Brücke die B 27 und bildet so einen Zulauf des Monrepos-Sees. Am nördlichen Seeufer, westlich vom Schloss, findet sich der Ausfluss des Gründelbachs aus dem See, durchfließt den Monrepospark, um dann, nach der Durchquerung der Stadt Freiberg, in den Neckar einzumünden.

Projekttafel: Gründelbach und Riedgraben

Der Gründelbach.

Der Hohenasperg

Der Hohenasperg

500 Jahre vor unserer Zeitrechnung siedelten sich die Kelten auf dem Hohenasperg an und errichteten auf dem Tafelberg, der sich 100 Meter über dem mäßig welligen Land freistehend und weit sichtbar erhebt, eine befestigte Höhensiedlung. Die Fürstengräber im Umkreis, wie z. B. bei Hochdorf und Hirschlanden sowie das Kleinaspergle, liegen alle in Sichtweite des Hohenaspergs. Im 5. Jahrhundert besiegten die Franken die Alamannen und übernahmen die Herrschaft, bis sie im 13. Jahrhundert an die Württemberger ging. Ab 1535 wurde die Anlage zur Festung ausgebaut und dient seit dem 18. Jahrhundert unter anderem als Gefängnis.

Es ist richtig, dass der Hohenasperg nicht zu Ludwigsburg gehört. Bedeutsam für Ludwigsburg ist die markante Stellung des Bergs im Gelände, die es möglich macht, an vielen Stellen der Stadt den Hohenasperg als Orientierungspunkt zu nutzen. Vom Zentrum Ludwigsburgs aus betrachtet befindet sich der Berg im Nordwesten.

Der Hohenasperg von Osten.

Die Festung.

UMGEBUNGSKARTE

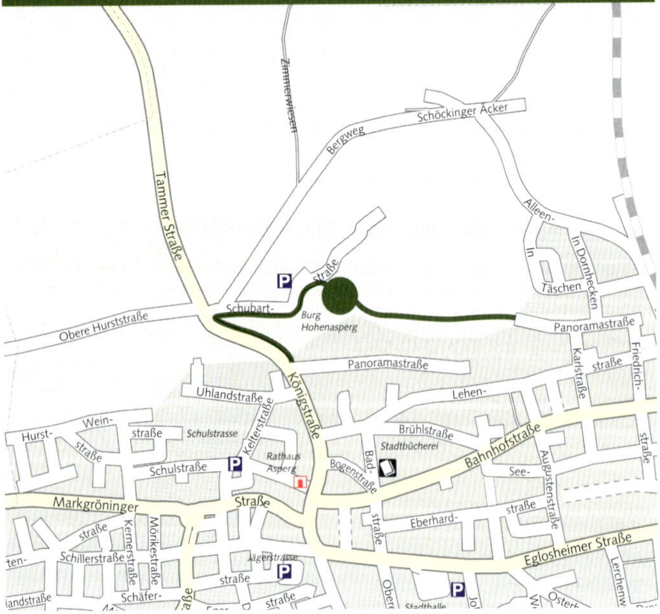

Der Lemberg

Lage:

3,5 Kilometer östlich von Ludwigsburg erhebt sich als markante Kuppe der Lemberg. Als allein stehende Erhebung beherrscht der Lemberg die Landschaft zwischen Neckar, Rems und Murr und ist somit eine Landmarke, die von vielen Stellen im Umland gesehen werden kann. Den Lemberg umgeben die Orte Affalterbach, Remseck-Hochdorf, der Ludwigsburger Stadtteil Poppenweiler, Marbach und Erdmannhausen. Der Lemberg ist ein durch Reliefumkehr entstandener Zeugenberg, ein Einzelberg, der durch Erosionsvorgänge von den umliegenden, in der Regel geschichteten Gesteinen abgetrennt wird. Seine Kuppe besteht, ebenso wie beim Hohenasperg auf der anderen Neckarseite, aus Schilfsandstein. Wie bei vielen Bergen der Umgebung sind die Kuppen und hier auch die nördlichen Hänge von Wald überdeckt, während auf den Gipskeuper-Flächen der Südseite Wein angebaut wird.

Der weite Blick ins Neckartal.

Geschichte:

An der Linie entlang des Lembergs und Hohenaspergs verlief vom 6. bis 8. Jahrhundert die Grenze des fränkischen Bistums Speyer und des alemannischen Bistums Konstanz. Das Gebiet rund um den Lemberg, das zirka 385 Hektar umfasst, wurde 1968, und erneut 1995, großflächig unter Landschaftsschutz gestellt. Am Südwesthang, oberhalb der Weinberge, in der Nähe der Berggaststätte „Sieben Eichen", ist ein geologischer Aufschluss als flächenhaftes Naturdenkmal zu betrachten. Eine Tafel mit den geologischen Spezifika sowie eine Tafel über Flora und Fauna weisen den Besucher auf die Besonderheiten dieser Gegend hin.

Gastronomie:

Auf dem höchsten Punkt des Lembergs steht das Gasthaus „Sieben Eichen", eine rustikale „Hütte", die zur Einkehr einlädt und den Bedürfnissen hungriger Gäste nachkommt. Im Inneren kann sich der Eindruck einstellen, im Hochgebirge zu sitzen, in jenen Hütten, wo gerne einmal Musikinstrumente ausgepackt und alte Lieder gesungen werden. Oder man sitzt draußen „in Gottes freier Natur" im kleinen Garten vor dem Haus. Der hintere Biergarten wird öfter als Open-Air-Festival-Gelände genutzt. Das aktuelle Programm findet man unter der Adresse www.7eichen.de

BUS & BAHN

Eine direkte ÖPNV-Anbindung besteht nicht. Die nächstgelegenen Busverbindungen gehen ab Affalterbach, Ludwigsburg-Poppenweiler oder Remseck-Hochdorf.

Blick vom Lemberg.

UMGEBUNGSKARTE

Der Alte Friedhof

Lage:

Im Süden verläuft die Friedhofsmauer entlang der Schorndorfer
Straße, an der sich einer der vier
Eingänge befindet. Nordwestlich
findet sich die Harteneckstraße
und nordöstlich verbindet die
Meiereistraße die beiden anderen
Straßen. An der Ecke Harteneckstraße und Meiereistraße liegt ein
gebührenfreier Parkplatz. Dort be-

findet sich der zweite Eingang
zum Friedhof. Der dritte und
vierte Eingang ist von der Meiereistraße aus zu erreichen.

Geschichte:

Im Jahre 1761, unter der Herrschaft des Herzogs Carl Eugen,
wurde außerhalb der östlichen
Stadtmauer, nördlich des Schorndorfer Torhauses, ein Friedhof angelegt, der heute unter der Bezeichnung „Alter Friedhof" zu finden ist. Neben dem 1719 angelegten Friedhof auf dem heutigen
Arsenalplatz, der augenfällig nicht
mehr existiert, ist dies der zweite

Die Aussegnungshalle im grünen Gewand.

Der Haupteingang des „Alten Friedhofs", mit der Aussegnungshalle.

Der Eingang in den „Alten Friedhof" von der Harteneckstraße, mit dem Mausoleum des Generals Zeppelin.

Friedhof in Ludwigsburg. Er wurde 1830 erstmals grundlegend erweitert. Bei seiner zweiten und letzten Erweiterung im Jahre 1864 erhielt er die Größe von knapp zwei Hektar, die er auch heute noch hat. 1865/66 wurde die Aussegnungshalle, ein neugotischer Zentralbau, errichtet. Ausschließlich Angehörige des württembergischen Königshauses sowie Mitglieder des Hofstaates und des gehobenen Bürgertums fanden hier ihre letzte Ruhe. Auch der letzte König von Württemberg, der am 2. 10. 1921 verstarb, liegt dort im Grab seiner Familie. Die Ludwigsburger Geschichte wurde geprägt vom Militär, was sich auch auf dem Friedhof widerspiegelt.

Sowohl berühmte, hoch dekorierte als auch einfache Soldaten des Krieges 1870/71 und des Ersten Weltkriegs haben hier ihre Ruhe gefunden. 1927 wurde der Friedhof geschlossen.

BUS & BAHN

Buslinie 422
Bahnhof–Schlösslesfeld und zurück: Haltestelle Klinik
Buslinie 425
Bahnhof–Oßweil und zurück: Haltestelle Schorndorfer Tor

Mausoleum des Grafen Zeppelin.

UMGEBUNGSKARTE

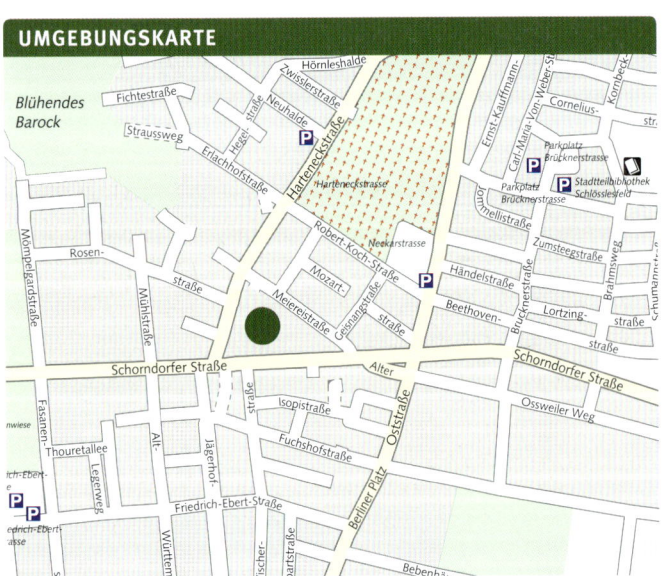

Der Neue Friedhof

Geschichte:

Am 1. Mai 1880 wurde der „Neue Friedhof" mit dem ersten Begräbnis feierlich eröffnet. Hermann Franck, Ehrenbürger der Stadt Ludwigsburg, stiftete 1900 die Kapelle auf dem Friedhof. Als eine der ersten Städte Deutschlands nahm 1927 Ludwigsburg ein Krematorium in Betrieb. Ab 1992 etablierte sich eine bereits vergessen geglaubte, aus dem antiken Rom stammende Beerdigungsform: das Kolumbarium. In mehreren Mauerstücken und Säulen werden Graburnen eingemauert und auf der Frontseite mit einer Grabinschrift versehen.

Nicht am Rande des Friedhofes, sondern in dessen Mitte befindet sich der „Neue Israelische Friedhof", der einen Beitrag zur Aussöhnung mit unseren jüdischen Nachbarn leisten soll. Zu diesem Zweck wurde dort eine Steinstele als Mahnmal errichtet. Einen eigenen Bereich hat auch die Diakonie auf der Karlshöhe. Einzigartig ist auch ein Lapidarium aus der Zeit, als es am Neuen Friedhof an Platz mangelte.

Die neue Aussegnungshalle im „Neuen Friedhof".

Das Kolumbarium im „Neuen Friedhof".

Eingerichtet auf einem freien Stück Rasen, wurden die Grabsteine abgeräumter Gräber zu einem Ensemble zusammengestellt. Heute hat der Friedhof hat ein Ausmaß von über 12 Hektar und verfügt über 12.500 Grabstätten, eine Aussegnungshalle und eine Feierhalle im Krematorium.

BUS & BAHN

Buslinie 422
Bahnhof–Schlösslesfeld und zurück:
Haltestelle Klinik
Buslinie 425
Bahnhof–Oßweil und zurück:
Haltestelle Schorndorfer Tor

UMGEBUNGSKARTE

Der Arsenalgarten

Lage:

Mitten in der Stadt zwischen Arsenalstraße und Wilhelmstraße und den Rückseiten der zentral gelegenen Gebäude in der Seestraße.

Geschichte:

Der Arsenalgarten ist eines der jüngsten Kinder der zahlreichen Park- und Gartenanlagen in Ludwigsburg. Sein Ursprung reicht indessen in das Jahr 1761 zurück, in das Jahr mit dem Baubeginn des militärischen Generalmagazins, das zweiflügelig, im rechten Winkel zueinandergefügt, den – und so war es geplant – Arsenalplatz nach Osten und nach Süden begrenzen sollte. Dieser Platz wurde jedoch nur zu einem Viertel gebaut. Und auf diesem steht das ehemalige Generalmagazin, in dem heute das Staatsarchiv untergebracht ist.

Das durch seine gewaltigen Ausmaße gekennzeichnete Zeughaus, die Seitenlänge beträgt über 100 Meter, entstand in den Jahren von 1872 bis 1874. Der Sicherheitsabstand zu den Gebäuden in der Seestraße von etwa 30 Metern stellt heute das Kleinod „Arsenalgarten" dar. Jeweils ein Durchgang, zum einen derjenige an der Seestraße, zum anderen ein Rundbogendurchlass durch den

Das Fenster ins „Paradies".

Kunst im „Paradies".

Württembergisches Kriegerdenkmal.

östlichen Arsenalbau, gewährt den Zugang zum Garten. In der Achse zwischen den Durchgängen sowie in der Mitte der Nord-Süd-Linie verlaufen Spazierwege um eine prächtige Kastanie mit einem Umfang von über 3 Metern. Weiterhin ist diese Anlage von der Wilhelmstraße erreichbar. Zwischen dem Südflügel und dem erst vor kurzem renovierten Zeughaus wurde eine neue Parkanlage mit reichlich Grün eingerichtet; damit gibt es nun auch einen Zugang von Süden her.

BUS & BAHN

An der Arsenalstraße am Arsenalplatz ist der Zustieg in die meisten Omnibusse der LVL und in sämtliche Richtungen möglich.

UMGEBUNGSKARTE

Der Solitudeplatz

Lage:

Dieser Platz wird markiert von den Rückseiten der Gebäude Mylius-straße, Solitudestraße und Karl-straße sowie der Musikhalle.

Geschichte:

Bevor die Musikhalle unter Denk-malschutz gestellt wurde, war in den siebziger Jahren des 20. Jahr-hunderts noch deren Abriss vor-gesehen, um auf dem frei wer-denden Gelände und dahinter, dem heutigen Solitudeplatz, ei-nen neuen Busbahnhof anzule-gen. Glücklicherweise kam es an-ders: Unter dem Solitudeplatz baute man eine große Tiefgarage, und auf dem Platz entstand das, was wir heute nutzen und genie-ßen können.

Gastronomie:

Da sich der Platz inmitten der Stadt befindet und zahlreiche gastronomische Möglichkeiten vorhanden sind, sei hier stellver-tretend als Besonderheit das Brauhaus mit seiner Außengastro-nomie genannt.

BUS & BAHN

Der Bahn- und S-Bahn-Verkehr S 4 und S 5 in sämtliche Richtungen laut Fahrplan.
Ab ZOB sämtliche LVL-Busse sowie alle Regio-Busse.

Der Einklang von moderner und historischer Architektur.

UMGEBUNGSKARTE

Musikhalle, Hinterfront.

Biergarten am Solitudeplatz.

Der Gemsenberg

Lage:

Der Gemsenberg ist keine Parkanlage im eigentlichen Sinne, sondern eine bewaldete Hanglage
zwischen unterer Marbacher
Straße und Neckarstraße, bezie-
hungsweise im weiteren Verlauf
der Gemsenbergstraße, die sich
hier in Serpentinen zur Marbacher
Straße hinunterwindet. Direkt
nach der Marbacher Straße, die
vom Hungerberg und der östlichen
Reichertshalde auf den Gemsenberg herüberführt, befindet sich
am Fuße des Gemsenbergs ein

Streifen, in dem die Bewaldung
beginnt. Hier lassen sich noch die
letzten Reste des Tälesbachs er-
ahnen. Der Gemsenberg zieht sich
in einem Streifen von etwa 100 bis
150 m Breite und 500 m Länge bis
an das Neckarufer hinunter.

BUS & BAHN

Buslinie 422
Bahnhof–Schlösslesfeld und zurück:
Haltestelle Harteneckstraße
Buslinie 421
Bahnhof–Neckarweihingen und
zurück: Haltestelle Untere Marbacher
Straße und Neckarbrücke
Buslinie 430
Bahnhof–Poppenweiler und zurück:
Haltestelle Untere Marbacher Straße
und Neckarbrücke

Rutschbahn am Gemsenberg.

Die Gemsenbergbrücke.

UMGEBUNGSKARTE

Marbacher Straße
Rappenauer Weg
Neckarstraße
Gemsenbergstraße
Steigäcker
Schlösslesweg
Erikaweg
Weiglestraße
Tulpenweg
Naststraße
Straße
Bührerstraße
her Straße
Neckarstraße
Straße
Simanowiz-
Mainzer
Allee
Kornbeck-
leshalde
Ernst-Kauffmann-
Carl-Maria-Von-Weber-Straße
Cornelius-
straße
raße
Parkplatz
Brücknerstrasse
P
rteneckstrasse
Parkplatz
P   Stadtteilbibliothek
Schlösslesfeld

Die Solitudeallee

Lage:

In der Südstadt, nach der Brücke über die Bahnanlagen, beginnend am Ende der Friedrichstraße beim Aufeinandertreffen von Keplerstraße und Eisenbahnstraße. Der „Garten der Triangulation" befindet sich bereits auf Kornwestheimer Gemarkung, etwa zwei Kilometer stadtauswärts auf der rechten Seite.

Geschichte:

Nach einem Jagdausflug auf den Höhen zwischen Stuttgart und Leonberg ließ Herzog Carl Eugen auf einer Lichtung, von der er übers weite Land die Kirchtürme von Ludwigsburg sehen konnte, in den Jahren 1764 bis 1768 ein Schloss bauen, das den Namen „Solitude", Einsamkeit, erhielt. Zeitgleich ließ der Herzog eine schnurgerade Straße direkt in die Residenzstadt Ludwigsburg bauen. Diese Straße wurde zur Symmetrieachse des barocken Schlosses Solitude. In Ludwigsburg führte diese Allee nicht di-

Garten der Triangulation.

rekt zum Residenzschloss, sondern mündete hinter dem neu errichteten Solitudetor in die heutige Solitudestraße, die am Arsenalplatz endet, wo der Herzog von paradierenden Truppen empfangen werden konnte.

Nachdem 1806 Württemberg Königreich wurde und sich das Hoheitsgebiet nahezu verdoppelte, weil die freien Reichsstädte hinzukamen, setzte 1818 König Wilhelm I. von Württemberg eine Kommission ein, das Land neu zu

UMGEBUNGSKARTE

Schwieberdinger Straße
Francktraße
Keplerstraße
Ruhrstraße
Siegesstraße
Saarstraße
Oskar-Walcker-Straße
Kammererstraße
Topfstraße
GEWERBEGEBIET ZIEGELWERKE
Köhlstraße
Im Lerchenholz
Römerhügelweg
THEIM

vermessen. Dazu benötigte man eine gerade Strecke, die als Basis zur Landvermessung dienen sollte. Diese ausreichend lange, gerade und somit übersichtliche und „grundfeste" Linie fand sich in der von Herzog Carl Eugen erbauten Solitudeallee, die eine Länge von etwa 15 Kilometern aufweist. Heute steht in Ludwigsburg an der Ecke Solitudeallee/ Köhlstraße, dem Endpunkt dieser Basisstrecke, ein Gedenkstein zur Erinnerung an die Landesvermessung von 1818–1840. Im Jahr 1998 legte die Deutsche Bahn, mit Hilfe des deutschen Vermessungsamtes, auf der Höhe des neuen Containerbahnhofes, sozusagen als Ausgleichsmaßnahme für dessen Bau, am geraden Verlauf der Solitudeallee einen „Garten der Triangulation" an. Das Denkmal ist ein maßstabgetreues Modell der historischen Landesvermessung, in welchem Steinsäulen die Eckpunkte des trigonometrischen Hauptdreiecknetzes markieren. Die unterschiedlichen Gesteinsarten der Säulen entsprechen den geologischen Gegebenheiten der örtlichen Bezugspunkte, die auf einer Messingtafel angebracht sind.

Der Planetenweg

Wenn auch ein Großteil des Planetenweges sich aus dem Stadtgebiet von Ludwigsburg hinausbewegt, so ist er doch bedeutend genug, um ihn hier als kurzweilige Wegstrecke zu beschreiben. Es war eine bestechende Idee, die Größenverhältnisse des Sonnensystems auf einem Weg wie diesem, im Maßstab 1:1 Milliarde, darzustellen. Dabei entsprechen 1 Millimeter des 6 Kilometer langen Weges im Gelände 1000 Kilometern im All. Der Exkurs beginnt am Oberen Seeschlossweg, nahe der S-Bahn S 4, Haltestelle Favoritepark, mit dem Gestirn „Sonne" und endet im Bietigheimer Forst mit einer Tafel über den Planeten „Pluto". Allgemeine Informationstafeln unterrichten die Besucher zu Beginn über unser Sonnensystem und dessen Planeten. Im weiteren Verlauf werden auf Einzeltafeln alle Himmelsobjekte beschrieben. Am Beginn steht, wie

Und das Zentrum ist die Sonne.

Der Kriegsgott Mars.

Die Tafel von Kriegsgott Mars.

Die Tafel der Sonne.

gesagt, die Sonne, der in geringen Abständen Merkur, Venus, Erde und Mars folgen. In der Nähe von Schloss Monrepos treffen wir auf den Jupiter und hinter dem Golf-

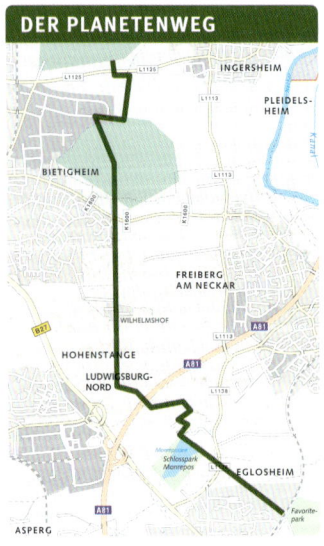

platz auf den Saturn. Wir umrunden den Golfplatz im Norden, schreiten über die Fußgängerbrücke auf die westliche Seite der Autobahn A 81 und erreichen kurz vor dem Wilhelmshof den Uranus. Nachdem wir die Kreisstraße K 1600 Bietigheim–Freiberg gequert haben, treten wir in das „Brandholz" ein und haben mitten im Wald den Neptun vor uns. Aus dem Brandholz heraus, übers freie Feld, überqueren wir die Landesstraße L 1125 Bietigheim–Ingersheim, gehen am Waldrand ein Stück ostwärts und haben an einem Waldparkplatz den Pluto erreicht. Im Dezember 2004 wurden die ersten Schilder aufgestellt, aber erst im November 2006 war mit der Eröffnung der Fußgängerbrücke über die Autobahn der Weg fertiggestellt. Dem Maßstab entsprechend erhält jeder Planet eine Tafel am Wegrand.

Schießtal–Heilbad–Favoritepark–Monrepos

Von der Bushaltestelle am linken Neckarufer (in Fließrichtung) führt der Weg zunächst durch das Industriegebiet Schießtal. Nach der Gaststätte „Anker" und dem letzten Firmenbetrieb verläuft die Strecke etwa 4,5 Kilometer direkt am Ufer des Neckars entlang. Es muss mit Fahrradverkehr gerechnet werden, was aber nicht verwunderlich ist, weil hier zwei

Fernradwege entlangführen. Rechts vom Neckar steigen die Neckarsteillagen in die Höhe. Dort werden neben den Hohenecker Steillagen weitere aus Ludwigsburg kommende Weine angebaut. Die Weinberge sind von bis zu zehn Meter hohen, senkrecht abstürzenden Muschelkalkfelsen durchsetzt, die der Landschaft ihren eigenen Charakter verleihen. Am Fuße dieser Steillagen befindet sich zumeist nur noch Platz für die Landstraße von Neckarweihingen nach Remseck. Der Neckar hat sich hier tief in das Kalkgestein eingegraben und zieht sich

Poppenweiler, hoch über dem Neckar.

Jungschwäne an der Uferwiese.

in einem weiten Bogen durch das Land. An dessen Außenseite thront hoch oben der Ort Poppenweiler, während nach Westen hin das Gelände sanft ansteigt, teils bewaldet, teils landwirtschaftlich genutzt.

Etwa 2,5 Kilometer westlich und 125 Höhenmeter oberhalb befinden sich die ersten Häuser von Oßweil. In dieser Landschaft halten wir uns immer am Fluss, Richtung Norden. Wir durchqueren das Renaturierungsgebiet „Zugwiesen", das sich noch im Ausbau befindet, kommen an der Staustufe Poppenweiler vorbei, lassen das Freibad links liegen und bemerken, dass die bewaldete Höhe des Harteneck dicht an unseren Weg heranführt und der Neckar einen Gegenbogen macht. Auf der gegenüberliegenden Flussseite befindet sich der Stadtteil Neckarweihingen, zu dem am Zufluss des ehemaligen Tälesbaches eine

Brücke führt, an der die Gaststätte Brückenhaus steht. Wir gehen unter der Brücke hindurch, vorbei am Kanuverleih „Zugvögel" und dem „Uferstüble" und kommen zur Anlegestelle der Neckar-Personenschifffahrt. Dort biegen wir rechts ab und gelangen zur Uferstraße, an der sich linker Hand die Bushaltestelle befindet.

BUS & BAHN

Buslinie 433
Bahnhof–Remseck und zurück: Haltestelle Neckargröningen-Schießtal

Buslinie 427
Bahnhof–Hoheneck und zurück: Haltestelle Heilbad

Buslinie 421
Bahnhof–Neckarweihingen und zurück: Haltestelle Neckarbrücke

Buslinie 430
Bahnhof–Poppenweiler und zurück: Haltestelle Neckarbrücke

Bauminsel an der Uferwiese.

Jupitergigantensäule, Römischer Gutshof Hoheneck.

Römischer Kräutergarten.

Wir gehen über die Straße und haben den Aufzug am Eingang des Heilbads vor uns; daneben liegt der Weg, der durch den Heilbadpark führt. Er verläuft in einem ehemaligen Bachbett, das den Hartberg mit Kugelberg von der Reichertshalde trennt. Der landschaftlich idyllische Weg wird im oberen Hoheneck von der Landesstraße Hoheneck–Freiberg unterbrochen und führt im weiteren Verlauf bis an den Favoritepark heran. An der östlichsten Ecke des Parks bzw. im Südwesten von Hoheneck führt uns von der Römerquelle ein kleiner Weg zur naheliegenden „Villa rustica" mit altrömischem Kräutergarten. Der römische Gutshof wurde von Oscar Paret Anfang des 20. Jahrhunderts ausgegraben. Geht man am Zaun des Favoriteparks zurück und hält sich rechts, also in Richtung Norden, kommt man zum Osteingang des Parks. Zum Nordwestausgang geht es über einen Nebenweg, der wieder auf den Hauptweg führt, und zwar in Richtung „Wendeplatte" der Reuteallee. Unser Weg geht rechts, durch eine Bahnunterführung, am Kiosk vorbei auf die Seeschlossallee, die zugleich auch der Start des Planetenweges ist. Nach etwa einem Kilometer erreichen wir dann das Seeschloss Monrepos.

BUS & BAHN

Buslinie 430

Bahnhof–Monrepos und zurück: Haltestelle Monrepos
Die Haltestelle Monrepos wird nur samstags von 14 bis 19 Uhr und sonntags von 7 bis 19 Uhr angefahren.
Bahnhof–Straßenäcker und zurück: Haltestelle Frankfurter Straße oder Bissinger Straße, Mo–So

UMGEBUNGSKARTE

Ludwigsburger Rundwanderweg

Geschichte:

Bereits seit 1989 gibt es den vom Schwäbischen Albverein e.V., Ortsgruppe Ludwigsburg, zusammen mit der Stadt Ludwigsburg entwickelten und mit einem grünen barocken „L" gekennzeichneten „Ludwigsburger Rundwanderweg". Dieser geht zurück auf 5 verschiedene, rot markierte Albvereins-Routen im Bereich der Stadt Ludwigsburg, die eine Länge von 22 Kilometern aufwiesen. Im Jahre 2003 wurde die Wegführung in Zusammenarbeit mit dem Stadtvermessungsamt Ludwigsburg geändert, um die durch Neckarweihingen und Poppenweiler erweiterte Gemarkung Ludwigsburgs mit einzubeziehen. Durch diese Erweiterung ergibt sich jetzt eine Gesamtlänge von 38 Kilometern. Aufgrund dieser relativ weiten Strecke, die sich kaum an einem Tag erwandern lässt, wurde der Ludwigsburger Rundwanderweg hier in zehn Abschnitte unterteilt, die individuell zusammengefasst werden können.

Wasserturm auf dem Römerhügel.

Etappe 1:

Vom Bahnhofsvorplatz aus gehen wir in südöstlicher Richtung über den Zentralen Omnibusbahnhof (ZOB) an der Bahnseite entlang und unterqueren an der Fußgängerunterführung die Friedrichstraße. Unmittelbar nach der Unterführung folgen wir der rechten Treppe nach oben und überqueren die Keplerbrücke. Ab hier wird man stets begleitet vom grünen barocken „L", dem Kennzeichen des Rundwanderweges. Dann geht es durch die Solitudeallee, vorbei am Firmensitz des Busunternehmens „Jäger" und des Getriebeherstellers Getrag, und wir erreichen auf der linken Straßenseite gehend, auf Höhe der Köhlstraße, den Obelisk der württembergischen Landvermessung. Nachdem die Solitudeallee schnurgerade, in heutiger Zeit mit nur wenigen Unterbrechungen, dem Schloss Solitude entgegenstrebt, mündet, aus westlicher Richtung kommend, auf der Höhe der Ludwigsburger Gemarkungsgrenze der Römerhügelweg ein, dem wir folgen.

Wir wechseln auf die linke Straßenseite, da die rechte nach wenigen Metern endet. Frei ist nun der Blick von Süden nach Westen, in der Ferne zeichnet sich deutlich die Schillerhöhe ab sowie der „Grüne Heiner" und das auf seinem Gipfel errichtete Windrad, das endlos laufende Band der Autobahn und der vor uns liegende Berufsschulkomplex „Römerhügel", an dessen Nordseite unser Weg unmittelbar vorbeiführt. Doch zuvor, an der Nordostecke

Der Kaiserstein am Römerhügel.

dieses Schulzentrums, steht in einer Art kleinen Parkanlage auf einer Erhöhung eine Steinsäule: der Kaiserstein. Nur 50 Meter weiter steht auf dem Römerhügel auf der rechten Straßenseite der alte Ludwigsburger Wasserturm, unter dem sich auch einige Bänke zum Ausruhen befinden. Der Römerhügelweg endet mit dem Einmünden in die nach Nord-Süd verlaufende Daimlerstraße. In der Verlängerung dieses Weges führt ein Fußweg weiter, der ab Höhe des Pflugfelder Friedhofs sozusagen zur Turmstraße wird und an der großen Kreuzung in die Möglinger Straße mündet. Jetzt befinden wir uns im Zentrum von Pflugfelden.

BUS & BAHN – ETAPPE 1

Buslinie 422
Bahnhof–Pflugfelden und zurück:
Haltestelle Möglinger Straße oder
Dorfstraße

Das offizielle Zeichen für den „Ludwigsburger Rundwanderweg" des Schwäbischen Albvereins Sektion Ludwigsburg.

Etappe 2:

Vom Zentrum in Pflugfelden biegen wir von der Möglinger Straße in die Alemannenstraße. Diese steigt sanft an und wir finden uns im Flair einer ruhigen Vorstadtsiedlung wieder. Nach 300 Metern taucht ein Haus auf, das vom Stil her gar nicht dort hineinpassen will.

Es ist ein kleines Fachwerkhaus, das gerade restauriert wurde und der Feuerwehr als Magazin dienen soll. Von da aus führt ein Fußweg bis zum Durchlass zur Karlsruher Allee. Diesen passieren wir, überqueren daraufhin die Brücke und lassen so die Straße von Ludwigsburg nach Schwieberdingen unter uns. Nach wenigen Metern und einem Schwenk nach rechts baut sich unvermittelt der große Gaskessel auf und nach weiteren 300 Metern überqueren wir die Parkplatzeinfahrt des Baumarktes Hornbach. Nun erreichen wir die Mörikestraße, biegen rechts ab, gehen die 100 Meter vor bis zur Kreuzung, marschieren nach links in die Straße „Im Waldäcker" und queren den alten stillgelegten Schienenstrang der Regional-

bahnlinie Ludwigsburg–Markgröningen, die uns in diesem Führer ja schon einige Male begegnet ist. Nach 150 Metern kommt eine Bushaltestelle.

Der Weg führt am Arzneigroßhandel Sanacorp vorbei und stößt auf die Autobahn, die mit einem harten Schnitt das Osterholz in zwei Teile trennt. Unser Weg führt jetzt nach rechts, an der Autobahn entlang, passiert nach 300 Metern eine Brücke, um direkt dahinter an der Autobahn wieder ein Stück zurückzugehen; im sich fortsetzenden Waldstück, an den Sportanlagen und Tennisplätzen vorbei, bewegt man sich nun auf das Naturfreundehaus zu.

In direkter Nachbarschaft befindet sich das „Kleinaspergle", das wie erwähnt, ein keltisches Fürstengrab ist. Von hier aus, nach weiteren 250 Metern, auf der Enzstraße in Richtung Nordosten, treffen wir auf die Südliche Alleenstraße, die eine der drei Straßenverbindungen zwischen Asperg und Ludwigsburg darstellt.

BUS & BAHN – ETAPPE 2

Buslinie 422
Bahnhof–Asperg und zurück: Haltestelle Saarstraße

Etappe 3:

Nach Überquerung der Alleenstraße und Einmündung in die Saarstraße und kurzem Gang durch bewohntes Gebiet mit einem Rechtsknick der Straße stoßen wir auf den sehr kleinen

Feuerwehrmagazin in Pflugfelden.

westlichen Teil des Naturparks West. Es eröffnet sich uns ein relativ freier Blick, der unten im Tal beim Asperger Bahnhof beginnt. Im Hintergrund findet sich der Hohenasperg. Der Blick wandert weiter zur Hohenstange in Tamm mit seinem markanten Wasserturm sowie zu den Hochhäusern der Buchsiedlung, um dann im dunklen Grün des Brandholzes zu landen, das an schönen Tagen eine scharfe Kontur bildet gegenüber den verschiedenartigen Blautönen am Horizont. Hier kommt von Süden her die Filsstraße, die in einen Feldweg übergeht, auf dem wir steil bergab bis zur Bahnlinie weitergehen. Von da lassen wir uns von dem grünen „L" weiterleiten, gehen unter der Autobahnbrücke durch, erkennen schon die ersten Silhouetten des Naturparks West, lassen die erste Bahnunterführung links liegen und gehen erst an der

zweiten Unterführung rechts, um auf die Markgröninger Straße zu gelangen. Diese wird überquert und auf dem etwa zwei Meter niedriger verlaufenden Fußweg 300 weitere Meter gegangen, um nach rechts in die Schrebergartenkolonie einzubiegen. Kurz vor den ersten Häusern sowie dem Kreuzen der Riedstraße überschreiten wir die ersten und noch eher schwach vorhandenen Konturen des Riedbaches. Danach kommen wir, die Bachstraße durchschreitend, an die Hirschbergstraße sowie an einen Platz, den die dort heimische Bevölkerung nur „Am Brunnen" nennt und vom hinteren Platzrand der SKV-Sporthalle begrenzt wird.

BUS & BAHN – ETAPPE 3

Buslinie 425
Bahnhof–Eglosheim und zurück:
Haltestelle Tammer Straße

Die Burg Hoheneck.

Etappe 4:

Wir bewegen uns in nordwestlicher Richtung an der Tammer Straße entlang. Rechts von uns lassen wir das SKV-Gelände liegen, bis wir nach 400 Metern eine Wohnsiedlung durchqueren. Danach befinden wir uns auf freiem Feld und stoßen im Talgrund bei der Pappelallee auf den Gründelbach, der von den Heckenwiesen kommt. Dort biegen wir rechts ab und begleiten den Gründelbach bis zur Kläranlage, von welcher der uns nun schon vertraute Riedbach kommt und in den Gründelbach einmündet. Nachdem wir an einer Fußgängerampel die dort vorüberführende B 27 überquert haben, gehen wir durch das Südportal der Parkanlage Monrepos. Auffällig an den nächsten 200 Metern des Wegs sind die links und rechts wie im Spalier stehenden Eichen, die so gewachsen

sind, dass der einzelne Baum im Verhältnis zu den anderen keinen annähernd aufrechten und einheitlichen Stamm aufweist, sondern sich schon vom Boden ab reich verzweigt. Danach gehen wir nach links und nach wenigen Metern wieder rechts, um an den Seeuferweg zu gelangen. Genussvoll gehen wir nun am See entlang, der möglicherweise etwas Wind mit sich bringt, und sind bereits in wenigen Minuten am Lokal „Gutsschenke", das wir für eine Rast nutzen können. In unmittelbarer Nachbarschaft befindet sich auch das Weingut des Herzogs von Württemberg, gegründet 1677, das seinen Wein auch direkt vertreibt. Wir durchschreiten den Park in seiner ganzen Ausdehnung von West nach Ost, bis zu der Stelle, wo die Autozufahrt und die Besucherparkplätze sind. Hier befindet sich auch eine Bushaltestelle; die Busse fahren hier allerdings nur am Wochenende und an Feiertagen. Etwas abseits liegt ein Feuchtbiotop, ein kleiner Weiher, den man nicht betreten darf, weil dem Weiher die Funktion eines „Wasserrückhaltebeckens" zukommt, wo Regenwasser gefiltert wird, damit es sauber in den Monrepossee gelangt. Zwischen Autoeinfahrt und Weiher nimmt die Seeschlossallee ihren Lauf, die in diesem Bereich identisch ist mit dem Planetenweg. Diese Allee führt in einer Fußgängerunterführung unter der Landesstraße nach Freiberg hindurch und in einer 800 Meter langen Rampe zum Favoritepark hinauf. Auf einer relativ kurzen Strecke überbrücken wir dabei eine Höhendifferenz von 45 Metern. Doch ist man erst einmal oben angekommen, winkt schon von weitem ein Kiosk mit einem kleinen, romantischen Biergarten. Hier erhält man auch für den kleineren Geldbeutel etwas zu essen oder geht direkt vor der Bahnunterführung rechts zum S-Bahn-Haltepunkt Favoritepark, der in zwei Minuten erreicht ist.

BUS & BAHN – ETAPPE 4

Buslinie 425

Bahnhof–Monrepos und zurück:
Haltestelle Monrepos
Diese Haltestelle wird nur samstags und sonntags sowie an Feiertagen angefahren.

S-Bahn S 4

Ludwigsburg–Marbach und zurück:
Haltestelle Favoritepark

Etappe 5:

Vom S-Bahn-Haltepunkt „Favoritepark" folgt man in Fahrtrichtung Marbach auf der rechten Seite der Gleise der Reutteallee bis zu einer Wendeplatte, an der, aus einer Unterführung hervortauchend, auch die Straße vom Monrepos endet und nachfolgende Etappe beginnt. Wir stehen vor dem Eingang des Favoriteparks und gehen nach links, dem Parkzaun folgend, um nach wenigen Metern wieder rechts parallel zur Bahn abzubiegen.

Nach 150 Metern gabelt sich der Weg an der Bahn, wir gehen nicht rechts, am Parkzaun entlang, sondern geradeaus und erhalten einige Meter weiter die Bestätigung, dass wir uns auf dem richtigen Weg befinden. Dort erscheint nämlich wieder jenes grüne „L", das uns von einem dicken Baum an der rechten Wegseite entgegenstrahlt. An der nächsten Abzweigung gehen wir rechts und haben das große Umspannwerk vor uns, gehen darauf zu, umrunden es links und sind in der richtigen Spur gen Osten, was jetzt unsere Generalrichtung ist. Auf der linken Seite sehen wir einen Aussiedlerhof mit dem Hausnamen „Im Viertel", was auch der Flurname dieser Gegend ist, und gehen rechts am städtischen Tierheim vorbei, das leicht abschüssig liegt. Dann überqueren wir die Landstraße, die von Hoheneck nach Freiberg und Benningen führt. An einem Straßenschild namens „Burgweg" finden wir unser Wegzeichen wieder, einschließlich des Wegzeichens „300-Minu-

Die „Bergstirne" am „Grüß-Gott"-Weg von Neckarweihingen nach Poppenweiler.

ten-Weg", der uns zwischen der Nordostecke des Umspannwerkes und Hoheneck begleitet.

Nach einigen größeren Privatgärten, die sich von den üblichen Schrebergartenkolonien abheben, beginnen rechts die Reben, die sich mit jedem weiteren Schritt zur Steillage auswachsen. Am Wegesrand steht dort ein schmuckes Haus. Es hat zwei Stockwerke, ist im unteren Bereich aus Stein gebaut und hat oben ein wunderschönes Fachwerk. Hier befinden wir uns auf einer Höhe von 263 Metern und steigen ungefähr einige Höhenmeter hinab zur Burgruine Hoheneck. Auf der gegenüberliegenden Wegseite befinden sich zwei miteinander verbundene, an den Rändern geradezu lückenlos zugewachsene Weiher. Von da kann man tief unten schon die Straße erkennen, die von der Landesstraße abzweigt in das untere Hoheneck. In steilen Kehren führt der Weg nach unten und trifft auf die „Untere Gasse" und weiter auf einen Fernradweg, der am Neckar entlangführt. Der Neckar liegt im Bereich von Ludwigsburg auf 162 Höhenmetern. Vom Fernradweg aus halten wir rechts auf die Schiffsanlegestelle für die Personenschifffahrt auf dem Neckar zu. Man kann aber auch die Untere Gasse gleich rechts gehen, bis man beim „Flegga-Lädle" auf die Bushaltestelle stößt.

Alternativ liegt wenige Meter nach der Burgruine rechts am Weg eine schmale und steile „Wengerterstaffel" (Weinbauertreppe). Diese steigen wir hinab,

mit den Giebeldächern der Häuser vor uns. Am ersten Haus windet sich die „Staffel" nach links und wir stehen am hinteren Ende der „Oberen Gasse", die in ihrem weiteren Verlauf zur Heimengasse führt. Wenige Meter links steht das „Flegga-Lädle", wo unsere Wegvariante endet und wieder in die Hauptstrecke übergeht.

BUS & BAHN – ETAPPE 5

Buslinie 427
Bahnhof–Hoheneck und zurück:
Haltestelle Gemeindehaus, Heilbad
oder Uferstraße

Etappe 6:

Kurz vor der Schiffsanlegestelle führt unser Weg eine Rampe zur Fußgängerbrücke hinauf, wo wir das Neckarufer auf die Neckarweihinger Seite wechseln. Von der Sporthalle aus wandern wir das kleine Stück bis zur Hauptstraße den Berg hinauf und können auf der rechten Seite im „Tröpfle" Einkehr halten für eine kleine Brotzeit. Anschließend überqueren wir die Hauptstraße und gehen die Bergstraße hinauf, bis wir rechts in den Panoramaweg abbiegen, dem wir weiter folgen bis zu einem querstehenden Haus. Wir gehen links, nach etwa 30 Metern wieder links, folgen dem Streuobstlehrpfad des Obst- und Gartenbauvereins von Neckarweihingen, bevor rechts sich unser Weg wieder Richtung Süden wendet. Nach noch einmal 600 Metern überqueren wir die Kreisstraße von Neckarweihingen

„Ludwigsburg im Grünen".

nach Poppenweiler und stehen am Beginn des „Grüß-Gott-Wegs", der ebenfalls nach Poppenweiler führt und dem wir nun folgen.

Am Rande des Weges betreibt ein Privatmann ein kleines, improvisiertes Museum für ausgediente Bauern- und Wengert-Gerätschaften. Nach 800 Metern führt der Weg in einen kleinen Wald hinein. Im spitzen Winkel, von rechts unten kommend, stößt hier ein Weg hinzu, links befindet sich eine Ausweichstelle für Kraftfahrzeuge; gleich danach führt, wenn man rechts abbiegt, ein Steig hinauf zu einem Aussichtspunkt, der sogenannten „Bergstirne". Dies ist mit 257 Metern der höchste Punkt auf diesem Weg, der dann alsbald wieder auf den Hauptweg zurückführt. Nach weiteren 600 Metern gabelt sich der Weg in zwei Richtungen. Die Wegmarkierung ist hier leider nicht eindeutig, doch wir halten uns links und treffen so auf die ersten Häuser von Poppenweiler – mit Neckarblick –, die in die Nordstraße übergehen. Gleich danach kommt man rechts in die Burghalde und erreicht sogleich die Bushaltestelle.

BUS & BAHN – ETAPPE 6

Buslinie 430
Bahnhof–Poppenweiler und zurück:
Haltestelle Burghalde

Etappe 7:

Ab der Bushaltestelle Poppenweiler biegen wir erst die nächste Straße Im Kechler nach rechts ab, der wir bis zur Hermann-Seeger-Straße folgen. In deren weiterer Verlauf überqueren wir die Kreisstraße und gelangen auf einen Feldweg. Hier gehen wir an links von uns stehenden Gewächshäusern vorbei und bemerken, dass der Weg ansteigt.

200 Meter weiter sehen wir rechts von uns eine Holzhütte, wo unser Weg rechts abbiegt. Jetzt haben wir den Lemberg direkt vor Augen. Noch einmal überschreiten wir eine weitere Kreisstraße, die von Poppenweiler nach Marbach führt, und sind die folgenden eineinhalb Kilometer unterwegs auf einem Weg, der wie vom Lineal gezogen verläuft, bis es an einem Feld nur noch die beiden Möglichkeiten rechts oder links gibt, und gehen zunächst nach rechts, bei nächster Möglichkeit wieder links (Vorsicht, hier fehlen die Wegmarkierungen).

Am Waldrand setzen die Markierungen wieder ein. Wir folgen dem Weg links, den Wald zur Rechten bis zur Mülldeponie. Im Wald steigt der Weg nochmals an und wir gehen weiter bis zur Schranke, die die Zufahrt für Fahrzeuge sperrt. Nach einer 180-Grad-Kehre befinden wir uns auf einem Weg, der von Affalterbach kommt, und gehen so weit, bis es links auf einer Naturtreppe steil

Aussichtspunkt „Bergstirne".

Das Tor zur Glückseligkeit.

nach oben geht. Es kommt ein weiterer Weg, den kreuzen wir und gehen an der gegenüberliegenden Treppe weiter bis zum nächsten Weg, dem wir rechts, in den Weinberg, folgen. Nach weiteren 300 Metern bergauf kommt links ein letztes steiles Stück und wir sind am Aussichtspunkt.

Der Lemberg ist mit seinen 365 Höhenmetern die höchste Erhebung Ludwigsburgs. Dort befindet sich, wie bereits an anderer Stelle erwähnt, das Gasthaus Sieben Eichen. Der weitere Weg führt zunächst wieder zurück bis an die Stelle, wo die Naturtreppe beginnt. Wir kreuzen auch diesen Weg und gehen den Steig noch weiter hinunter bis zum nächsten querenden Weg, auf dem wir uns links halten, die Weinberge immer links oberhalb unserer Strecke. Unterhalb der Stelle, wo das Gasthaus Sieben Eichen liegt,

führt uns nun wieder zuverlässig das grüne „L" durch das Waldstück mit dem Flurnamen Sauhau, vorbei am Waldspielplatz mit offizieller Grillfeuerstelle; dann geht es aus dem Wald heraus; es erscheint eine Anhöhe, an deren Scheitelpunkt rechts eine Ruhebank steht. Auf dieser Anhöhe bekommen wir im Süden Hochdorf zu Gesicht, worauf unser Weg, hier links abbiegend, zuläuft. Nachdem wir den Lembach überquert haben, gehen wir auf der Lembergstraße in das Dorf hinein und erreichen die von Poppenweiler kommende Kreisstraße, an der sich gleich auf der linken Seite eine Bushaltestelle befindet.

BUS & BAHN – ETAPPE 7

Buslinie 433
Bahnhof–Hochdorf und zurück:
Haltestelle Poppenweilerstraße

Brücke über den Zipfelbach.

Waldspielplatz am Lemberg.

Steinschichten wie ein Geschichtsbuch.

Etappe 8:

Wir folgen der Poppenweiler Straße etwa 300 Meter in Richtung Poppenweiler bis zum Klärwerk, wo ein breiter Flurweg links abbiegt, bis zu einer Furt, an welcher der Zipfelbach mit dem Auto überquert werden kann. Für Fußgänger existiert aber eine Holzbrücke. Auch unser Weg führt darüber, bis kurz danach rechts, dem Bach folgend, ein Wiesenweg erkennbar wird, dem wir abermals folgen. Nach einem Kilometer ist rechts, über eine kleine Brücke kommend, der Weg nach Poppenweiler zu sehen. Passiert man die Brücke, steht dort eine schöne Bank, die man zu einer kurzen Rast nutzen kann, da es für einige Zeit die letzte ist. Anschließend gehen wir auf der südlichen Bachseite weiter, bis sich nach einigen Schritten der Weg in drei Richtungen verzweigt. Wir folgen dem rechten Weg, demjenigen, der aus dem Wald heraus auf eine Wiese führt, und auch dem nächsten, der den Bach begleitet. So erreichen wir nach einiger Zeit die Einmündung des Zipfelbachs in den Neckar. Der weitere Weg verläuft nach links und parallel zur Landesstraße von Neckarweihingen bis Remseck. An der Kreuzung „Neckaraue", dort, wo die Straße von der Teilgemeinde Hochberg herunterkommt, wechseln wir nun die Straßenseite, um eine weitere Brücke zu passieren. An der Brückenzufahrt befindet sich die Bushaltestelle.

BUS & BAHN – ETAPPE 8

Buslinie 433
Bahnhof–Hochdorf und zurück:
Haltestelle Schießtal

Am Fuße des Lembergs.

Etappe 9:

Wir überqueren den Neckar und biegen gleich nach der Brücke rechts ein in das Industriegebiet, vorbei am Ausflugslokal Ankerstuben, wo wir rechts in Richtung Westen gehen. Das Industriegebiet lassen wir hinter uns und erklimmen, es wird nun immer steiler, den Spottenberg, vorbei an der Gaststätte Schießtal. Der Weg schraubt sich in Windungen nach oben, bis er schnurgerade, und jetzt auch an Aussiedlerhöfen vorbei, zum Oßweiler Ostfriedhof führt. Um diesen gehen wir herum bis zur Bushaltestelle, die unmittelbar an der Landstraße von Ludwigsburg nach Remseck liegt.

Durch eine Unterführung kreuzen wir die Landesstraße und gehen auf einem Feld- und Flurweg ungefähr 600 Meter parallel zur Landstraße in Richtung Ludwigsburg, passieren erneut eine Fußgängerbrücke, bis der Weg von der Mehrzweckhalle in Oßweil ersichtlich wird. Da es bislang stetig aufwärts ging, kommt uns die Bank dort sehr gelegen, um kurz zu rasten. Wenn man dann jedoch den Blick kreisen lässt, sieht man hinüber zum Lemberg, im Hintergrund grüßt der Korber Kopf; auch sieht man den Höhenzug des Schurwaldes, der mit seinem Kammverlauf das Remstal vom Filstal trennt und nur im Vordergrund vom Hundsbuckel unterbrochen wird. In der Ferne erkennt man die Sendeanlagen auf dem Frauenkopf und daneben den Stuttgarter Fernsehturm.

Wir verlassen die Landstraße und halten uns weiter südlich, in direkter Flucht auf die Nahtstelle zwischen Grünbühl und Sonnenberg an der Kreisstraße zu, die von Ludwigsburg über Pattonville nach Aldingen führt. Nach weiteren 200 Metern, kurz vor der Südostspitze des Salonwaldes, weithin schon erkennbar durch den neuen Ludwigsburger Wasserturm, treffen wir auf die nächste Bushaltestelle.

BUS & BAHN – ETAPPE 9

Buslinie 427
Bahnhof–Grünbühl und zurück:
Haltestelle Aldinger Straße

Etappe 10:

Die Kreisstraße stellt die Grenze des Salonwaldes an seinem Nordrand dar. Wir biegen indessen links ab in die Königinallee, die den Wald auf der südlichen Länge begrenzt. Am barocken Geviert der erwähnten „Grünen Bettlade" kommt von rechts die Königsallee, doch wir behalten die eingeschlagene Richtung auf der Erich-Schmid-Straße bei. An der Ampelanlage überqueren wir die B 27. Am Alexandereck biegen wir gleich in die Salonallee ab, die durch einen schönen Baumbestand auffällt.

Weiter geht es bis zum Wüstenrot-Hochhaus und danach rechts in die Hohenzollernstraße. Leicht abwärts führt der Weg bis zur Carl-Schaefer-Schule; wir biegen links ab in die Elmar-Doch-Straße und direkt vor der Brücke rechts in die Gießhausstraße; diese verläuft bis zur Fußgängerunterführung an der Keplerbrücke parallel zu den Bahnanlagen und führt über den Zentralen Omnibusbahnhof (ZOB) wieder zurück zu unserem Ausgangspunkt der Etappe 1.

BUS & BAHN – ETAPPE 10

Alle Buslinien ab ZOB Ludwigsburg S-Bahnen S 4 und S 5 sowie Regionalzüge ab Bahnhof Ludwigsburg

Blick vom Lemberg.

WANDERKARTE

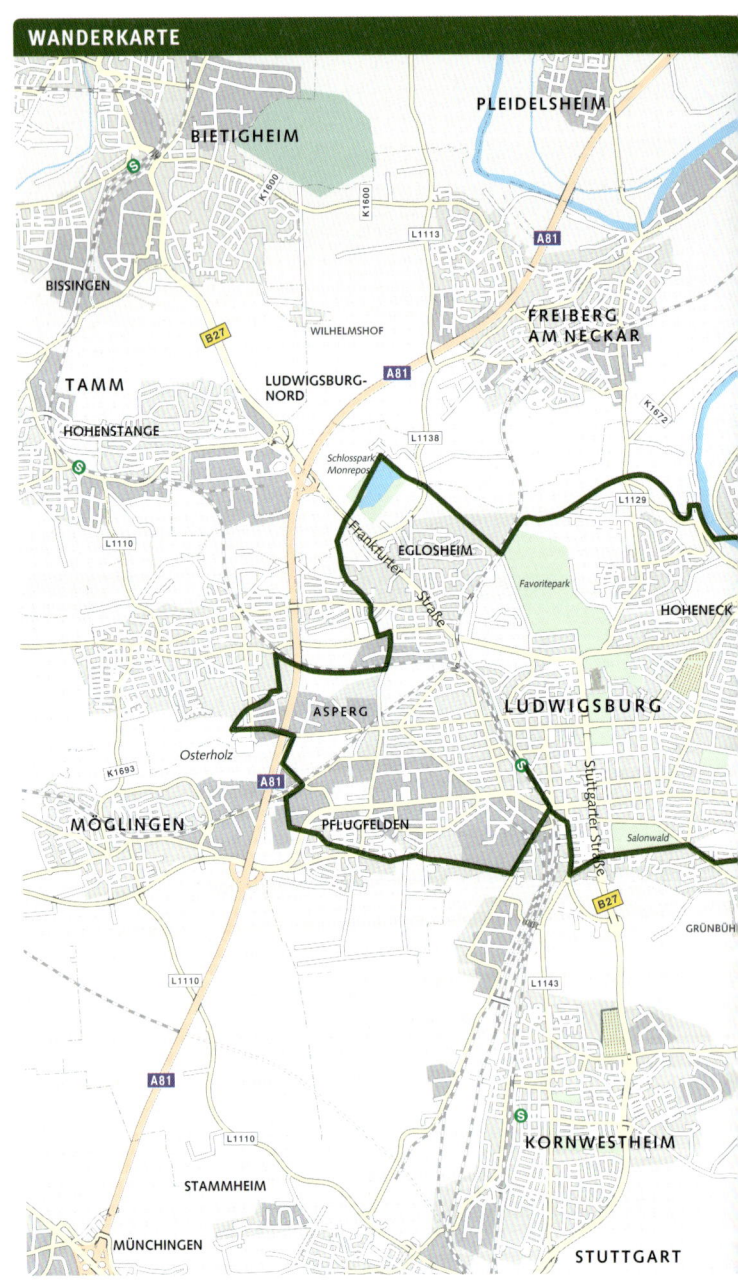

Ludwigsburger 300-Minuten-Weg

Geschichte:

Anlässlich des 300. Geburtstages der Stadt Ludwigsburg kreierte der Schwäbische Albverein e.V., Ortsgruppe Ludwigsburg, zusätzlich zu dem schon länger bestehenden Ludwigsburger Rundwanderweg einen modernen und innovativen Weg, der eine interessante Stadtführung mit Erlebnissen in der Natur auf einer Strecke von 11,5 Kilometern verbindet und in etwa 300 Minuten bewältigt werden kann. Hier ist das Wegzeichen ein weißes, barockes „L" auf orangem Grund, das in ausgewählten Stationen durch 300 Jahre Stadtgeschichte mit ihren Regenten, militärgeschichtlichen Aspekten, Unternehmern, Dichtern und Denkern führt, von der Barockzeit bis zur Gegenwart, in der sich Ludwigsburg auch als durchaus beeindruckender Film- und Medienstandort präsentiert. Der Rundgang kombiniert die Begehung von Plätzen, Alleen, Grünflächen, Parkanlagen, Schrebergärten und Streuobstwiesen. Um den „Geist der Historie" auf sich

Zum Waldhorn.

wirken zu lassen, ist der Rundweg hier in fünf ausgewählte Etappen gegliedert, um die Zeit von 300 Minuten nicht wesentlich zu überschreiten. Die Etappen sind so geplant, dass sie bequem mit dem ÖPNV erreichbar sind.

Etappe 1:

Der Marktbrunnen, mit der Statue des Stadtgründers Ludwig Eberhard in der Mitte des Marktplatzes, eignet sich bestens als Sammelplatz für den Start der Runde. Wir verlassen den Marktplatz nach Norden über die Untere Marktstraße und den wenige Meter davon entfernt liegenden Holzmarkt, der eine originelle und sehenswerte Variante des barocken Baustils darstellt. Teil dieser Variante ist auch die im rechten Winkel verlaufende, dem Schloss zuführende Straße, der Kaffeeberg, der nun unser Weg ist.

Von dort stoßen wir auf die Schlossstraße, die B 27, die wir aber nicht überqueren, sondern schwenken nach links ab. Vor uns liegt das älteste bürgerliche Haus Ludwigsburgs aus dem Jahre 1707/08, das Wohnhaus, Gasthaus und Hotel in einem war. Es geht wieder links in die eher kurze Marstallstraße mit ihrem Grävenitz-Palais und dem Blick auf den Osteingang des Marstall-Centers aus den siebziger Jahren.

Unser Weg führt indessen vorher rechts in eine ganz schmale Gasse, in das Postgässle, die nach einem kurzen Stück die Charlottenstraße überquert und steil nach unten in das sogenannte

„Täle" führt. Wir befinden uns jetzt in einem kleinen Park entlang der Unteren Kasernenstraße, der einen schönen Kinderspielplatz aufweist.

Wir kreuzen die Bietigheimer Straße, gehen an ihr entlang bis zur Feuerwache und gelangen so links in die Marienstraße; gegenüber liegt die Zufahrt zur „Marienwahl". Vorbei am Seniorenstift überqueren wir die Talstraße und nehmen die Treppe hoch zur Bauhofstraße. Auf dieser wieder nach rechts, um über eine weitere Treppe, die auf der linken Seite nach oben führt, an einem Spielplatz vorbei auf den Schützenplatz zu gelangen. Von da aus marschieren wir rechts in die Bogenstraße, bis wir an der Schützenstraße links und an der Gartenstraße wieder links gehen. Über einen kurzen, steilen Anstieg gelangen wir schließlich am Lindenbrunnen in die Lindenstraße, durch die jetzt unser Weg führt. An der Fußgängerzone Kirchstraße biegen wir rechts ab und kommen so, hinter dem Kirchenschiff der Stadtkirche vorbei, in die Wilhelmstraße, die eine der bedeutenden Achsen der Stadt darstellt. Auch da gehen wir rechts, um in die Arsenalstraße bzw. zum Arsenalplatz zu gelangen. Dort sind auch die Haltestellen.

BUS & BAHN – ETAPPE 1

An der Arsenalstraße am Arsenalplatz ist der Zustieg in die meisten Omnibusse der LVL und in sämtliche Richtungen möglich.

Schillerplatz.

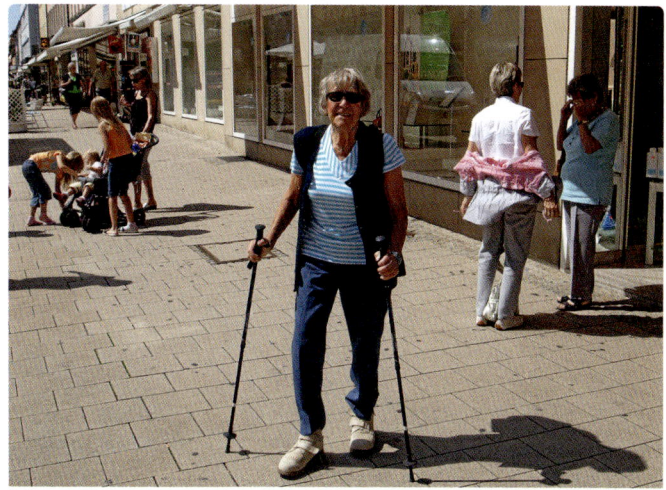

Nordic Walking in der Fußgängerzone.

Etappe 2:

Der Originalweg des Schwäbischen Albvereins bringt uns zunächst zum Schillerplatz mit dem Denkmal des berühmten Dichters Friedrich Schiller, das der näheren Betrachtung lohnt. Für den weiteren Verlauf bis zum Bahnhof schlagen wir zwei Varianten vor:

Variante 1:

Diese lässt uns in den heutigen Glanz des Arsenalbaus eintauchen, der eine wechselvolle Geschichte aufweist. Heute ist dort das Staatsarchiv untergebracht. Durch einen kleinen Torbogen gelangen wir zur Rückseite des Baus und stehen vor der Pracht eines Kastanienbaums, der den ganzen Arsenalgarten, wie der Platz heißt, dominiert. Dahinter baut sich die Rückfront der Fußgängerzone in der Seestraße auf. Wir benützen aber nicht den Durchgang

zur Seestraße, sondern gehen nach rechts auf die Rückfront des Zeughauses zu, das auch in neuem Glanz erstrahlt, und an den Parkplätzen wieder rechts, um am Schillerplatz, im Schatten der westlichen Stirnseite des Zeughauses, wieder auf den markierten Weg zu gelangen. Wir überqueren die Mathildenstraße und gehen entlang der Solitudestraße bis zur nächsten Straßenkreuzung hinüber in die Alleenstraße und stehen wieder vor einem historischen Ort, dem Synagogenplatz. Hier stand bis zur sogenannten Reichskristallnacht die Ludwigsburger Synagoge. Heute wird an dieser Stelle der jüdischen Kultur und der jüdischen Toten aus der Zeit des Nationalsozialismus gedacht. Über den weiteren Verlauf der Alleenstraße gelangen wir zur Myliusstraße, dort geht es links direkt zum Bahnhof.

Variante 2:

Hierbei überschreiten wir den Synagogenplatz diagonal, verlassen ihn an der Südwestecke und stehen erneut vor einer eher verborgenen Perle, jetzt aber aus der Neuzeit Ludwigsburgs: der Solitudeplatz. Ebenso wie im Arsenalgarten kann man sich auch am Solitudeplatz gut entspannen. Entweder über eine große Treppe links vom Brauhaus oder aber rechts vom Brauhaus durch eine Passage, die zur Myliusstraße führt, treffen wir wieder auf die Markierung.

Fortsetzung ab Bahnhof Ludwigsburg:

Am Bahnhof gehen wir rechts hinab bis zur Bahnunterführung, hier nach links, und auch danach wieder links. Wir gehen jetzt auf der Pflugfelder Straße in Richtung Süden und finden rechts die neue Stadtzentrumsentwicklung auf dem alten Bleyle-Areal, wozu auch die neu gebaute Arena einschließlich Hotel gehört. Das Areal ist auch über den Westausgang am Bahnhof zu erreichen. Die alte Architektur der Zichorien-

Das Pflugfelder Tor mit Torhaus.

Fabrik der Ludwigsburger Familie Franck auf der linken Seite, einschließlich der Villa und der kleinen Franckstraße und natürlich auch das Pflugfelder Torhaus rechts, fügen sich, über Generationen entstanden, ebenso kontrastreich wie komplementär in das Stadtbild ein. Am Ende der Franckstraße befindet sich ein architektonisches Original: der Francksteg, eine Fußgängerbrücke, die über sämtliche Gleisanlagen des Bahnhofs führt und uns hinüberbringt auf den Zentralen Omnibusbahnhof, über den wir schräg nach rechts gehen.

BUS & BAHN – ETAPPE 2

Alle Buslinien ab ZOB Ludwigsburg
S-Bahnen S 4 und S 4 sowie
Regionalzüge ab Bahnhof
Ludwigsburg

Etappe 3:

Am ZOB gehen wir bis zum südlichen Ende, biegen links in die Leonberger Straße ein und schlagen ein weiteres Kapitel der Regenten von Württemberg auf. Nun haben wir die Friedenskirche, die ehemalige Garnisonskirche, vor Augen. Dies war die Prachtstraße des Herzogs Carl Eugen von Württemberg, der wie Herzog Eberhard Ludwig sein Ludwigsburg in diesem Sinne seine eigene Stadt, die Karlstadt, bauen wollte, die im Süden an die Ludwigsstadt angrenzen sollte. Der Karlsplatz sollte dabei, ohne die zu dem Zeitpunkt noch gar nicht existierende Garnisonskirche, der Marktplatz sein. Entlang der Stuttgarter Straße bewegen wir uns am Jommelli-Haus vorbei, dem Haus des Komponisten Niccolò Jommelli (1714–1774), und schwenken nach

Die Arena, das Herzstück des neuen Bleyle-Areals.

Der Rathausplatz mit Rathaus und Kulturzentrum.

links in die Alleenstraße. Trotz moderner Architekturkomponenten der Film- und Theater-Akademie weist der Gebäudekomplex noch immer den „militärischen Charme", auf, der den Gebäuden einst zu eigen war. Wir gelangen über die Alleenstraße stadteinwärts zur Seestraße und sehen links vor uns das Stadtbad, das von 1909 bis 1911 im Stile des Klassizismus erbaut wurde und überdies Jugendstil-Elemente aufweist. Wir gehen aber in die Seestraße hinein, in Richtung Norden, und stehen vor dem hauseigenen Kino der Filmakademie, dem Caligari. An der Ecke zur Mathildenstraße biegen wir rechts ab. Nach wenigen Metern sehen wir den Übergang vom Rathausplatz auf das Mathilden-Areal, betreten den Rathausplatz, der im Osten vom Kulturzentrum und im Westen vom Ratsgarten abgeschlossen wird. An der Nordfront sehen wir

auf die Rückansicht des Ludwigsburger Rathauses. Von dessen Hauptgebäude führt jeweils links und rechts ein Durchgang zur Frontseite direkt zur Wilhelmstraße. Wir biegen rechts ab, an der Bushaltestelle vorbei auf die Sternkreuzung zu, auf der weithin sichtbar die Baumschlange thront.

An der nach einer früheren Gaststätte „Stern" benannten Sternkreuzung treffen Stuttgarter Straße und Schlossstraße aufeinander sowie die Wilhelmstraße auf die Schorndorfer Straße. Wir halten uns rechts und gelangen über eine Fußgängerampel direkt zur Bärenwiese. Die Mittelachse dieser Grünanlage führt links direkt zum Residenzschloss und wird rechts zur Königsallee, der wir hier nach Süden folgen. Nachdem wir die Friedrich-Ebert-Straße überqueren und das Forum rechts liegen lassen, ziehen wir an der ehemaligen Bäckereikaserne (heute Hotel Nestor) vorbei, passieren die links von uns liegende Karlskaserne mit ihrem Reiterstandbild, bekommen auf der gegenüberliegenden Seite die Rückfront der Agentur für Arbeit zu Gesicht und gelangen schließlich zur Fußgängerüberführung über die Friedrichstraße. Anschließend überqueren wir die Robert-Franck-Allee. Den Wald auf der linken Seite, haben wir erneut die „Grüne Bettlade" vor uns, die Bushaltestelle befindet sich rechts, unser Weg führt indessen nach links in die Königinallee hinein.

BUS & BAHN – ETAPPE 3

Buslinie 427
Bahnhof–Grünbühl und zurück:
Haltestelle Karlshöhe

Begegnungspunkt dreier Wanderwege.

Etappe 4:

Im spitzen Winkel führt ein flacher Waldrandweg von der Königinallee in den Wald hinein. Wir gehen an den Reckstangen des Trimmdich-Pfades vorbei und treffen auf einen in Nord-Süd verlaufenden geteerten Weg, dem wir links weiter folgen, bis wir an der Ampel wieder die L-Markierung entdecken. An der Ampel wechseln wir die Straßenseite und begeben uns in die Alt-Württemberg-Allee, die wir an der Friedrichstraße rechts verlassen, um in der Jägerhofallee, um einen Straßenzug versetzt, nach Norden weiter zu marschieren. Noch immer geht der Weg etwas abwärts; wir queren die Hindenburgstraße, danach die Friedrich-Ebert-Straße, bis wir auf eine Mauer treffen, die zum ehemaligen Frauengefängnis gehörte. Dies ist auf 30 Metern Länge ein Rest der alten, einst sechs Kilometer langen Stadtmauer, die Herzog Carl Eugen zwischen 1758 und 1760 bauen ließ. Danach treffen wir auf die Schorndorfer Straße, der wir nach rechts folgen, und stehen vor dem Schorndorfer Torhaus.

Wir wechseln nun die Straßenseite und gehen an der südlichen Friedhofmauer des Alten Friedhofs entlang, folgen einem kleinen Anstieg und biegen an der nächsten Kreuzung links in die Neckarstraße ab, die an dieser Stelle zur Allee wird. Nach einigen Gehminuten haben wir linker Hand erneut eine Friedhofsmauer; diese gehört zum Neuen Friedhof. Diese Mauer ist höher als die Friedhofsmauer zuvor, überdies

ranken Kletterpflanzen an ihr em-
por, was die Anlage noch ge-
schlossener erscheinen lässt.
Nach Überquerung der Harteneckstraße beginnt ein Waldstreifen,
der sehr steil nach links abfällt.
Auf einem Weg mit zahlreichen
Stufen gelangen wir nach oben
und haben dort den Gemsenberg
erreicht. Wir gehen an der Südbe-
grenzung des Waldes weiter, bis
Gehweg und Straße voneinander
getrennt werden und die Markierung auf den Gehweg nach unten
weist.

Die Straße, die sich in Serpentinen hinunterwindet, heißt Gemsenbergstraße. Wir nehmen hingegen die Steigstraße, welche die
Fahrstraße noch einmal überquert. Kurz vor dem Brückenhaus
treffen Weg und Straße wieder zusammen. Diesem Weg folgen wir
unter der Neckarbrücke durch, am
Uferstüble vorbei bis zur Anlegestelle, dann geht es hinauf bis zur
Fußgängerbrücke.

*Gedenktafel für den letzten Rest der
Stadtmauer.*

BUS & BAHN – ETAPPE 4

Buslinie 421
*Bahnhof–Neckarweihingen und
zurück: Haltestelle Neckarbrücke*
Buslinie 430
*Bahnhof–Poppenweiler und zurück:
Haltestelle Neckarbrücke*
Buslinie 427
*Bahnhof–Hoheneck und zurück:
Haltestelle Heilbad*

Die Ludwigsburger Zentralstelle der Verfolgung von NS-Verbrechen.

Obelisk am Holzmarkt.

Auf der Königsallee ins königliche Schloss.

Mit dem Rollator um die Bärenwiese.

Die Baumschlange.

Etappe 5:

An die Aufgangsrampe stößt der Hochwasserschutzdamm; den Weg auf der Rampe geht es weiter, nun vereint mit dem Ludwigsburger Rundwanderweg auf der Dammkrone zieht dann Hoheneck an uns vorbei. An der Unteren Gasse geht es links ab und steil bergan, bis zur Burgruine Hoheneck und an ihr vorbei, über die Landesstraße von Hoheneck nach Freiberg. Der Weg führt weiter bis zum Umspannwerk, an dem wir uns links halten, auf die Nordostspitze des Favoriteparks zu. Am Zaun entlang wandern wir auf den Osteingang des Parks zu, treten ein und gelangen nach etwa 200 Metern auf den Hauptweg des Parks. Dort gehen wir scharf links, passieren das Favoriteschlösschen, um den Park am Südeingang wieder zu verlassen. Erneut kommen

wir über eine Fußgängerbrücke, die uns die Überquerung der Oberen Marbacher Straße entsprechend erleichtert, und stehen am Nordportal des Residenzschlosses. Wir begeben uns stadteinwärts und erreichen nach wenigen Metern die altehrwürdige Kastanienallee, die bis hinauf an die Sternkreuzung führt, mit der uns schon bekannten Baumschlange. Wir gehen rechts in die Wilhelmstraße bis zur Oberen Marktstraße, biegen in diese rechts ein und gelangen so von Süden her wieder zum Marktplatz.

BUS & BAHN – ETAPPE 5

An der Bushaltestelle Rathaus in der Wilhelmstraße ist der Zustieg in die meisten Omnibusse der LVL und in sämtliche Richtungen möglich.

WANDERKARTE

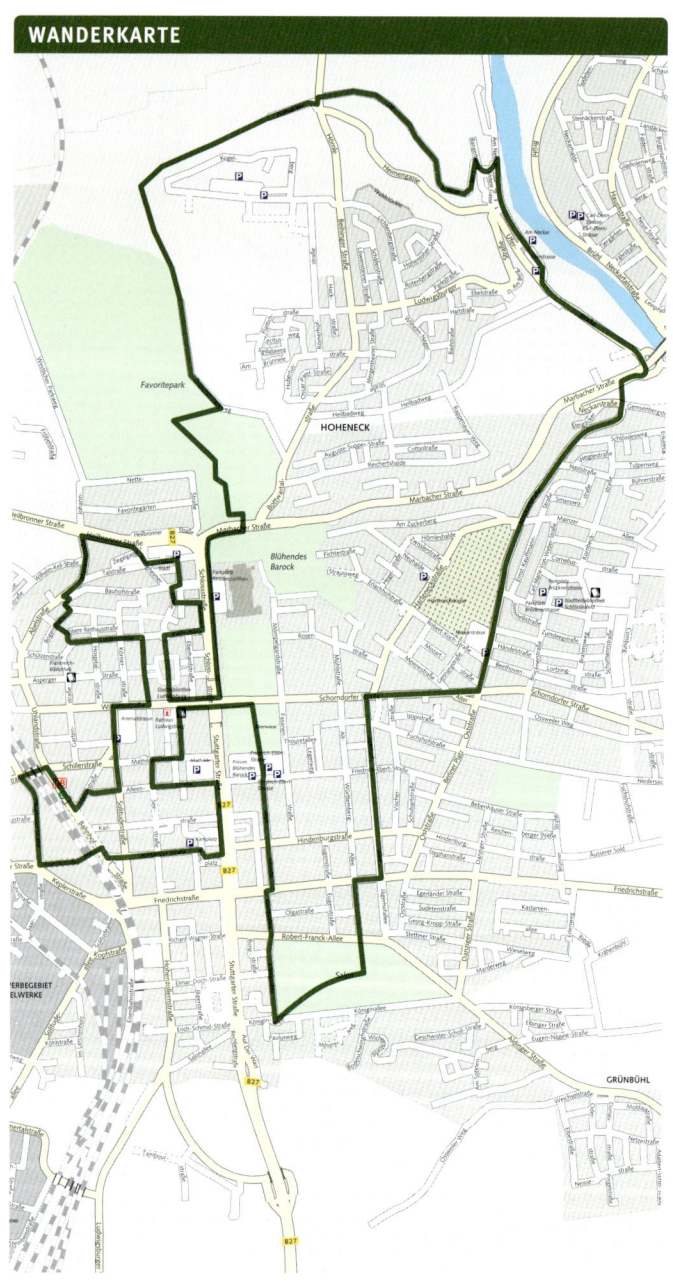